歷代神仙通鑑

(三)

昭王

新刻黃掌綸先生評訂神仙鑑首集卷之五

江夏明陽宣史徐道述

林屋琳樓秘本

汝南清眞覺姑李理贊

○○李漱陽易體成仙　○○關尹喜受經證道

鄧種見老子還奏知仍讓館職執弟子禮種字析河南人夸父之後踰數日匡續知之趨來殷勤叩拜述桂父之言欲求道要老子亦收之與講丹旨續問劉越何仙老子云是容成公假名劉越者留於南越也至己亥冬康王崩年五十六在位二十六年葬於畢子瑕立是爲昭王時老臣盡故周道漸衰老子謂匡鄧二子曰王室微缺將隱於亳匡續久客西都辭

第一節　一

歸南楚。與劉越會晤無間。兄弟相敘。共講長生之道。老子

徐甲

往亳舊居隱於園中。向託傭工徐甲葺治。故未荒蕪。聞鉅神氏李凝陽居近。尋至碭山巖穴間。見凝陽與宛丘生對坐閉談。高呼二人名號。始愕然而悟。凝陽憶會上指教之言。再拜懇求。老子曰。但鍊成陽神。方可逍遙自適。遂授以真訣。邀宛丘過亳盤桓。常降凝陽山齋談道。或同遊絕頂曠觀。是冬。三人聚談往事。忽蒼梧何侯來訪。侯已陞太極真人。爲東華司事。糾集有道行者供職。見宛丘曰。華山陰有青烏公。先爲彭祖之徒。爲非深奧。後受高人之教。精審妙奧。始究堪輿。著青烏經相地骨各一卷。尋與彭祖入華

郎令

至弟子家問其由弟子名郎令為人至孝故凝陽收為徒凝陽赴華山纔六日不意其兄來報母疾甚危郎令急欲回家又受師長之囑一宵輾轉不寐候至日午猶不回山乃與其兄扶屍至巖前舉火焚化歸家視母凝陽失魄無依回見老子訴情老子曰人身四大假合形有時盡神則長存神為形之制形為神之居鍊有守真丹乎可服之隨處而安何必定求原身也凝陽拜受壺盧曰今已不求廣廈秪就草舍便居帶笑下山林中有一餓莩凝陽指曰即此可矣從顖門而入跳起四顧凡視聽言動悉我前身無異傾出丹來服畢壺盧忽起道金光凝陽仰視之隱隱有

李孔目一人黑臉蓬頭鬈鬢巨眼跛右一足形極醜惡正驚訝者
鐵拐李子一隨後拍手曰草脊茅簷毀窗折柱此室陋甚何堪寄寓
凝陽始知失却本來面目復欲跳出老子急止之曰當在
質外求之不可着相我有金箍束汝亂髮鐵拐拄汝跛足
只須功行充滿是異相眞仙也凝陽依言結束以手擱兩
眼如鐶遂自號李孔目世稱爲鐵拐李先生常隨老子宛
丘同遊講學後郎令母死先生並不記懷復收爲伴至周
昭王壬子歲老子忽謂衆曰吾將開化西域結白淨梵王
之善果於是乘輿駕牛命傭工徐甲爲御往别宛丘鐵拐
宛丘贈一竹杖老子受之西向而進宛丘亦同吳若春去

陰山修道已四百七十餘歲，吾曾變幻以色聲香味感喜怒憂思悲恐驚十二品試之，惟喜怒感猶不能超，凡此三者不脫下地仙人而已。不得昇舉為真仙也。細叩其本末，始知先生在大宛號青精時，錄為弟子，故來通問，今欲服以金液，脫去濁體，使得輕身遊行於世，俟功滿，迎歸蓬島，老子欣然勸宛丘，贊成美事，宛丘招弟子姜若春負之西去，老子曰，太極有飛步之法，宛丘有徒負行，我牽青牛來作脚力，將欲乘之起程，（忽作一波）凝陽扳牛角大呼曰，諸公既欲西行，偏不挈我乎，老子曰，何俟公幹早畢，便去覆旨，我三人皆能速行，恐子體重行遲，追躡不上耳，凝陽曰，我鍊成元

杜冲

神出遊之法何不可去囑新來之徒曰欲從遊華山倘遊魂七日不返方化我屍魄蓋魂藏於肝魄藏於肺此法是魂與元神出遊留魄獨居於屍屍過七日無元陽則腐敗故令焚却也四位同駕風雲不一時到華山青烏公接見宛丘問彭祖何在答已浮遊四方太極眞人乃出錬神金液與之服之忽似秋蟬蛻殼爐火烟昇在半空中飛舞軀殼委於石畔太極招下更授以凝神定志之訣即能飛騰變化出冥入無遂自號曰杜冲言度我冲舉也太極令其在世拯救愚蒙便爲功德行滿自然授職先自別去三仙亦各回山凝陽抵慕至山居悄無一人屍殼不知何在尋

◎◎虙喜

會女媧於黃河之濵時成紀有一人姓虙名喜字公文虙
犧之後初母氏聿寢夢天下絳綃流繞其身適見長人與
服器不凡
語飛入口中咽之既覺口有盈味成王丁巳四月初八日
及生喜時有雙光若白飛遊其側室內皆明陸地自生蓮
花光色鮮潤及長眼有日精姿形長雅垂臂下膝堂堂有
天人之表好墳索施德行仁有大度損身濟物不求聞達
東遷於觧康王舉為大夫素善於天文秘緯莫不洞徹鬼
神無以匿其狀昭王十二年冬十月登高四望見東極有
紫氣西邁喜曰夫陽氣盡九星宿值合歲月並王復九十
日之外法應有聖人經過京邑但畿內地廣往來極多恐

孫景

総持真

過而不值知函谷必由隘道乃求為函谷關令（後遂稱關尹喜）每夜仰觀乾象占風望炁蒞任未三月在七月十一夜見紫炁漸逼長有丈餘飛入關來（靈寶有望氣臺）喜曰旦夕必有異人至此預勑關吏孫景曰有形容殊俗車服異常者勿聽過乃命灑掃四十里以待三十日甲子老子乘白輿駕青牛叩關欲度景入白尹喜喜曰我今得見聖人矣即具朝服出迎跪伏叩頭邀請曰願丈人暫留神駕老君謝曰吾貧賤老叟居在關東田在關西欲暫往取薪何故見留幸聽吾度喜復稽首曰久知大聖當來西遊勞神暴露有日必願少憩老君曰聞開導竺乾有古先生者善入無為永存

眼力好

象緯之學至此方爲絕頂

莊夫人

綿久是以勤身就道經歷子關子何以過留耶喜曰觀大聖神姿超絕乃上天之至尊邊夷何足往就萬勿託言少垂哀愍老君曰子何所見而逆知我喜曰去冬十月天理（觀星）星西行過昴自今朔融風三至（占風）東方真氣（望氣）狀如龍蛇而西變此大聖人之徵故知必有真人度關也老君怡然笑曰善哉子之知我我亦已知子矣（此言有據）子有通神之見當得度世喜再拜曰敢問神人姓氏可得聞乎老君曰吾姓字渺渺從劫至劫非可盡說吾今姓李字伯陽皆號吾爲老子喜於是就官舍設座供養行弟子禮老君曰吾在中國都未有所授知汝命應得道今爲子留知其夫人莊氏亦崇道

好杝乃停關下百數日盡傳以内外修煉度世之法中有九丹八石玉醴金液治病養性穀絶變化役使鬼神之術喜退而書焉凡九百三十卷符書七十卷老君將復西行其御客徐甲少賃於老子約日僱百錢至關時計欠甲七百二十萬錢甲見老子去官遠適亟來索錢老子謂曰吾往西海諸國還當以安息國之黃金計直還汝甲如其約出關飯牛於野老君試之以吉祥草化一美女至牧所輒以言戲甲甲惑之欲留與盤桓見老子欲出關甚速甲遂負前約索償不得倩人作詞以訟老子爲作詞者亦不知（此人更貪）甲已隨老子二百餘年惟計甲所應得值之多許以女嫁

甲即令女出見甲見女美暗喜曰并得野外之女可娛我終年矣遂詣關通詞於令喜得詞大驚入見老子言甲告索傭錢老子召甲謂曰汝隨我二百餘年何故一旦負我我昔賃汝爲官卑家貧無有使役故以太玄清生符與汝所以得至今日不然汝應死久矣汝何不念此而乃訟我何不能忍也言訖使甲張口其太玄眞符立出於地丹書文字如新甲即成一聚枯骨尹喜乃爲叩頭請赦賜其再生老子復以太玄生符投其白骨符自從口中飛入甲即立地更生老子曰吾言安息者喻汝身心有安歇處言黃金還汝欲以金丹度汝今汝貪財好色趨利忘義焉可化

此念亦嫌

度哉尹喜以錢二百萬償甲令去甲慚愧轉有留戀之意老子謂之曰若能立志自持或可再見甲怏怏拜謝而去尹喜愈自傾心聽受老子具以大道語之曰道生之德畜之物形之勢成之是以萬物莫不尊道而貴德喜又請教誡老子授之五千餘言喜退而書之後名道德經喜歎曰雲之發舒禽之飛翔皆在虛空中所以變化不窮聖人之道則然也一日老君謂喜曰吾重告爾吾嘗化乎竺乾古先生者即吾所託名今將返神還乎無名吾逝矣喜叩頭請侍老君曰吾遊乎天地之表嬉乎玄冥之間四維八極上下無邊子欲隨吾焉可得焉喜曰入火赴淵下地上天灰身

沒命願隨大仙老君曰汝雖骨相合道法當成眞然受道日淺未能通神安得變化隨吾聖身汝尚精修體入自然斯可與汝行化諸國爾遂自御青牛起行喜不能挽留步送至石樓山老子復以五千言指明義理煉飛昇神丹七日乃成與喜同服盩厔有說法臺石樓山有煉丹處更與期曰千日之外可尋吾於蜀中青羊之肆言訖聳身空中坐雲華之上面放五明身現金光洞照十方冉冉而沒喜目斷雲霄涕泣攀戀白輿青牛忽亦不見昭王十四年四月也其日江河汎漲山川震動有光貫空徧及四方喜遂以老子所說理國修身之要去奢滅欲之言敘而編之爲三十六章名曰

離生死岸頭

一彷佛老君降世之象

西昇經喜乃屏絶人事三年之内修煉具畢凡所授書以内修之旨觧註悉臻其妙自著書九篇號關尹子後曰文始經

西域竺乾舍衛國摩耶夫人於前辛卯歲見霞光陡起感而有孕懷二十二年不産至癸丑歲老君昇遐見時度已至因夫人晝寢從兜率天降神乘日精投入摩耶口中摩耶夢中見一六牙白象夫人欣然悅之張口吞於腹時四月八日周時建卯夜半左手攀枝嬰兒剖右脇出夫人不少傷害生時大地震動五色光貫於太微是月恒星不見墜地便周行七步目顧四方分手指天地作大獅子吼聲曰兩大之間獨我爲尊有二龍神降一吐冷水一吐温水沐浴

悉達多

那竭

阿藍迦藍

金軀放大智光明照十方世界地湧金蓮華捧其雙足有
三十二相八十種好頰如獅子床不受水手足皆鉤鏁毛
悉句上生名曰悉達多自少有大威德專務清淨及長不
願統國治民欲求出家了道父母苦禁止之妃生悉達後
二年復舉一子曰那竭悉達以為王嗣可繼遂立志離俗
常自念言當復何遇遊觀於四門見生老病死之狀想此
必可厭離是夜靜居於牖見一人义手立牕下白太子言
出家時至可去矣太子大喜即隨之行踰城而出時年十
九歲居檀特山中修道勤行精進禪定時鵲巢貫頂蘆芽
穿膝始於阿藍迦藍處學道三年不用處定心知其非便

蔚藍頭
然燈

捨去復學於蔚頭藍處一年亦不用處定亦即捨去聞東土有金蟬子號曰燃燈得安定之道乃不辭勞苦三年始至中夏時穆王巳郊二十一年也訪至嵩山云在泰岱東梁山尋見燃燈與講道十三日語下徹悟巳得眞道如提（佛法原來自東而西）洹竭（令良山有太子修道處）辭別燃燈因遊滕泗二水（都有証據）留雪山一宿（山上有梵王太子廟）見尼山靈秀所鍾（伏脉）知中國文采方盛遂歸西方興教自號釋迦牟尼（言必能仁寂默）先至象頭山同諸外道日食麻麥經六年以無心意無授行而悉摧服諸外道常住耆闍崛靈鷲山雷音寺中復歷試邪法示諸方便發諸異見今至菩提乙酉二月八日明星復出時釋迦年巳三十三

那乾訶羅國
五羅魔
惡龍
鬼王
窣跡金剛
十萬神通
波羅祭斯

歲身長倍尋而常相好光明神變化紺目白毫字髮輪
齒發菩提之心展供養之具化通萬物覺悟羣生人皆瞻
仰皈依故稱名號曰佛佛者覺也佛至那乾訶羅國有龍鬼怪
神兒五羅魔作殃佛有十萬通神命窣跡金剛神統而降
魔神手把大杵杵頭出火燒諸毒龍龍王驚怖走入佛影
求度乃免諸惡鬼神力戰敗死金剛揮大利劍擬鬼王頭
鬼王遁抱小兒長跪白佛垂意兒等無依捨我入於寂滅
從今以往當奉護大法佛憫欲度之命金剛悲哀即擲杵
劍離諸懊惱佛曰神與我一間耳彼有五通僅不死我具
六通無死無生既而於波羅祭斯國在舍衛南彌勒佛降生處鹿野苑

○憍陳如
○等五人

中佛爲憍陳如等五人轉四諦法輪。而論道果不有吐華焉能成實。

但得守眞丹則軀殼可棄今之聊以爲寓者廣廈可也草今可也何必着相旨哉老君之言也

宓公文之占象可謂至精故紫炁東來得傳大道後世天文家非無明眼但心在事功不若公文之專於求道故紫炁不現現亦不識。

嘗聞佛現大神通六萬諸仙前後圍繞難覩其朕兆神通旣大故有通神隨侍然猶曰通於神僅不死通於佛方了當精思如何通法。

〇〇〇 青羊肆究予尋師 〇〇〇 徐州城杜冲報本

其說教大抵言生生之類皆因行業有過去未來現在三世識性不滅凡爲善惡必有報應又有五戒去殺盜淫妄貪大意與仁義禮智信相符釋迦治世教化四十九年妙至天龍神鬼並來聽法弟子多有證果者平居阿耨達山王舍城在山之東南角城西又有竹林精舍有浴佛所六年苦行處常樂寂隱處雪山之陰雪水流注百川洋溢以味清淨周廻屈從而趨大海無有旱潦一切衆生咸得受生安樂國土舍衛之西罽賓賤其種回回方國一云天主民悉奉佛道遠近皆修浮屠七級以爲供養遍國人投爲沙門到

訶維摩竭陀國

迦葉

阿難

冬未中前飲少酒過中不後飲凡沙門皆草蓐爲牀衣鉢隨身譬如飛鳥不近一切捕魚鳥人戲論人外道人不蓄象兵馬兵車兵步兵沙門又名苾蒭又名比丘其教徧流西域釋迦之首座弟子乃訶維摩竭陀國人生於婆羅門家名摩訶迦葉波大龜氏嘗爲鍛銀師善明金性吸烝飲光使其柔伏志求出家以度諸有從師修持有年一日釋迦拈花微笑謂曰吾以清淨法眼涅槃妙心實相無相微妙正法將付於汝汝當護持并勅阿難爲副貳以其歡喜而無染知覺而有行傳化後人無令斷絕而說偈言

法本法無法無法法亦無今付無法時法法何曾法

說此偈已。復告迦葉曰。吾將金縷僧伽黎衣。傳付與汝。轉授補處。至慈世佛出世。勿令朽壞也。迦葉聞言。頭面禮足曰。善哉。吾當依勅。恭順佛教。爾時世尊至拘尸那城。告諸大衆。我今背痛。欲入般若涅槃、（譯言滅度。華言常樂我事。）即往熙連河側。娑羅雙樹間。自然有寶牀。從地湧出。世尊坐上。右脇累足。泊然宴寂。（東土周穆王辛丑四十三年二月十五。一本涅槃日。實十月初八也。）那竭王乃作金棺。複欄車送喪。時諸弟子。積香薪荼毘之。（火焚也。）燼後金棺如故。大衆即於棺前。以偈讚曰。

凡俗諸猛熾。何能致火爇。請尊三昧火。闍羅金色身。

讚已。金棺忽舉。高娑羅樹七倍。在空中往反飛騰。旋見三昧眞火燼盡化灰舍利子如雨下得八斛四斗那竭王載歸宮中各國皆興兵來爭迦葉乃以金升量與之取歸供養阿難欲究竟如來眞實意迦葉曰倒却門前刹竿着阿難亦微笑受之迦葉同諸弟子追叙其語綴以文字集爲十二部眞經每悼佛辭世無從聽受聞老佛毘婆尸昔曾去王位修道於東土白翟之清涼山得維衛勝觀具大智光今有屍毘巖洞中有大小石佛萬餘迦葉等齊詣詢佛因由毘婆尸曰解脫色相不昧靈光爾佛何嘗不在遂指引至靈鷲山頂見佛垂眉趺坐諸弟子悲咽俯拜巖下佛微笑曰何執着耶大衆覺悟頓生歡喜起侍左右相與共究無生老子分神

李大官　童子　夫人

化氣於西土之後甲寅歲復從太微宮分身降生於蜀國
大官李氏之家先勅青牛化生爲青羊色如青金常在所
生嬰兒之側愛玩無數忽一日青羊失去兒啼不止家中
令童子往外尋覓得於市肆中尹喜受老子千日之期丙
辰歲往蜀徧問居民並無青羊肆見童牽羊而過喜解曰
聖師所約其在此乎前問童將何往童曰我家夫人生一
兒愛玩此羊失來兩日今尋得欲還家與之喜即囑曰願
爲告夫人之子云尹喜至矣童如言入告兒即振衣而起
曰令喜來前喜既入其家庭宇忽然高大湧出蓮花之座
兒化數丈白金之身光明如日頂有圓光建七曜之冠衣

修道者必至是方爲看得

晨精之服披五色離羅之帔坐於蓮座之上舉家見之皆大驚怪兒曰吾老君也太微是宅眞一爲身太和降精耀魄爲人主客相因何相怪耶喜欣慰無量稽首言曰不圖慶會復奉天顏老君曰吾向留子者以子居世已久深染愛欲初受經訣恐未克成功是以待子於此今子保形鍊色已造眞妙面有神光心結紫絡金名表於玄圃玉札繫於紫房氣參太微解形合眞矣即勑召三界衆眞時諸天帝君十方神王洎諸仙衆頃刻浮空而至各執香花咸稽首聽命青羊亦化爲山丘之大老君幷喜同登騰空而起青神縣有青羊橋卽降年上昇處先引朝見五老上帝幷謁四極監眞徃

文始先生
積善之家
拔宅之報

尹玉清元始授喜玉冊金符位爲無上眞人賜號文始先生更賜紫芙蓉冠飛青羽裙丹繡綠袖交泰霓裳羅紋黄綬九色之節令居二十四天王之上統領八萬仙士尹喜拜謝而退自此飛騰虛空參侍龍駕矣其家長幼二百餘口喜用挾山超海法即時風雨晦暝拔已所居之宅飛徙於西戎之仇池山頂天生斗絶壁立千仞石角外向如雉堞然惟一門可通上有平地方二十餘里中有田可百頃年賜盤道凡三十六廻泉九十九眼而萬山拱之小有洞天之附庸也在成州同谷縣界與泰城接壤有神魚食之者仙老君乃會尹喜遊觀八紘之外發軔西行司渡流沙胡域胡人專務殺掠老君乃作五木樗蒱教胡

擲之則骰子古皆以木爲五枚後人以骨爲六枚有雉犢白盧諸色以賭勝負爲樂使不專於兵刃西遊龜山爲王母講清淨經喜從省太眞共食碧桃紫梨穆王初年復還中夏尹從弟名軌字公度居唐國之陽少學天文讖緯知尹得伯陽道法致命造玄便來師事尹喜喜因教服黃精花并授諸道經凡百餘篇軌問其旨喜答曰其中曰天曰命曰神曰玄合曰道也軌既得所傳自稱尹道士聞尹登眞去後即約華陰杜冲同講求修鍊冲自得太極超拔愈虛心問道立志度人軌常往請教冲乃同至文始拔宅處行蹈歎羨時軌年二十八與喜同月日生就於此結廬餐烝專修上道不欲遠適冲聞文

闍者

(三)李八百

李脫

飛陽君

始於蜀中有遇遂別執至蜀㝋跡到青年橋往叩李氏闍
者言主人平昔向善中年無子幸產一兒以爲宗祧可繼
不期有此意外事雖然神聖降臨終於吾家無益因往金
堂山拜門老祖八百仙翁也冲曰仙翁爲誰闍者曰相傳
蜀帝魚鳧遜國於鱉靈入居金堂龍橋峰下修脫迹之道
遇浮丘公來棲威鳳山傳以眞道因從師姓改曰李脫卜
居於廣漢棲玄山合九華丹服之化子規歸國見人民皆
非疇昔乃深夜悲啼復往武擔山度朱提氏望帝陰魂出
世不能相近畏陽氣蒸逼也仙翁後遇飛陽君即赤將子於海
上授水木之道復登龍橋作煉丹成試抹於石崖頑石立

李眞多

張伯子

化爲玉光彩瑩潤後人或鑿崖採取即風雷爲變於是投成丹於望帝食之即能現出陽形與仙翁結爲兄妹更名李眞多教居綿竹中修持靜道仙翁雲遊五岳十洞城市朝廷隱顯莫測積二百餘年與徒張伯子煉紫陽金丹於華林山石室今隆興府奉新縣浮雲觀是也丹成復還蜀中歷夏商二代蜀人恒見之約其年可八百餘又見其行輒八百里故稱曰李八百遷居什邡仙居山百餘年種華芝爲餌其本赤蓋白莖上有兩葉三實後服之者可以長生至商王文丁乙酉九年三月八日仙翁與張伯子俱乘虎出遊至市觀者甚衆遂跨虎昇空蜀有昇仙橋眞多修道綿竹來往浮山之側一曰浮山化又名眞多[illegible]化亦如地[illegible]得水則浮

上有眞刻古蹟眈尚玄理初得仙翁朝元默眞之要行之數百年
狀如二十許人神氣莊肅風骨英偉人或見之不敢正視
其後太上老君與古玄三師降授飛昇之道眞多拜受自
修仙翁至浮山復聚丹砂作煉成而同服更名浮山曰萬
安化側有潭水常赤色爲浴丹泉上有二師井人飲之愈疾仙翁與眞多東遊豫章之
南以成丹化劍濟於池水纏五色病者汲飲輒愈西歸寄居錡陽
之五龍岡眞多仍往來蜀中救度疾苦一日自蜀至岡仙
翁倏之見妹手持蓮花身似有孕仙翁怒欲引劍揮之眞
多已覺倏爾凌空渡江產下童子經一卷遂乘雲氣冉冉
昇天今瑞州有望仙門時蜀人爲眞多之像將奉祠焉像成而舁

不動是夕衆見眞多云吾祠宜在五龍岡得親見翁翼日
衆像甚輕乃祠於彼仙翁自愧弗及立志度世以積功行
周時還來金堂自稱學人改山爲三學山謂已三於此山
學道世人號爲賢山至是眞多常降會焉杜冲曰汝何知
之詳也闍者曰主人雖非一宗因同姓故稱老祖凡有危
難必往求之歸家每說其事是以悉知冲謝別欲往金堂
尋八百談道西行至一山形如象耳見一大冢如阜旁有
小冢纍纍因問士老答曰康王十六年中原有彭祖者據
云年近千歲入蜀家武陽今山下宅址尚存至辛卯夏六
月三日病卒身畔有黃金一笏衆杜兒爲殮葬於西山下

衆杜兒

舊名象耳山今名彭山舉柩日天忽飛氷雹堆積難行（何故）衆社努力開道葬畢六十人皆凍死衆家人爲立六十冢於彭祖墓旁號爲社兒墩若有耕鋤於旁犯墓上草木則雷雨大作杜冲驚歎曰吾師彭君不務金丹大道惟修導引（醒世微言）吾嘗屢勸終不聽從以致妨及社兒自覔沉淪何處吾豈坐視不援乎（熱心道念）別老者行未二三十里與一行人同憩林下有李公自金堂回冲問其所語若何云聖人下降此是吉祥許來年連與二子（伏脈）未審果否冲曰仙翁所言諒無差謬李公欣謝而去冲即往見仙翁不暇問及丹旨便叩彭祖行蹤八百曰老彭原有根氣雖脫朽骸不迷靈性直是落

葉歸根耳。冲祈明示。八百作色曰。去處還從來處去。再問之不答。冲拜辭北行。一路揣摩不出。姑晤尹道士商之。及至舊處。已不知去向。文始從遊西域還時。老君將所携竹杖贈之曰。此汝太祖宛丘所贈之物。自我入關西來。先生預知後昆有好道者。求我故借竹杖以喻囑仗也。今以轉付與汝。苟有可度者。當即援之污泥。勿負汝祖之意。文始拜受。首度從弟軌昇天。引朝上帝。嘉其好道。賜號太和眞人。職守杜陽宮長。下統行仙僚屬。軌受勅命。仍居下界。立功。袖丹十餘筒。濟度有緣。常煉黃白。以賑貧苦。周歷天下。所以杜冲來會不值。因細味八百歸根之語。想起太彭受

封徐州或在故都遂往彭城市顛狂踏歌於道羣兒隨戲
聚觀者甚衆冲適觀無一少異趍出東北見一人年可二
十端坐墓旁呆想冲問其何爲少年起荅曰上世彭祖者
歷仕唐虞夏商晚歳浮遊四方卒於蜀之象耳山吾父因
是嫡派不忍遠棄屍骸入蜀扶柩歸葬弗憚勞苦至彼問
諸土人云有靈異不敢輕於移動就其所居宅中獲葦履
一雙椋木拄杖一奉歸葬於此處明年癸巳生我即取名（有自來矣）
宗字法先生性好道每日必至墓上存想上祖之玄妙恨
不能及杜冲知是老彭後身因語曰彭祖雖善於補導不
過苟延壽命而已（旁門不及正道如是）一朝氣散血凋便歸黃壤我能合形神

覺斯

（仙傳）蔡瓊

與前老彭跨鹿入雲姆相照

而俱化。同天地而常存。子欲學乎。宗即拜沖為師。沖扶住對揖。呼為道友。沖復自稱覺斯。謂覺其師也。宗遂棄家修道。隨之採藥尋真。遊汝陽崆峒山。有蔡侯之子瓊。字伯瑶。曾師事老子得符訣之招山鹿跨之而行。宗步隨至山坳。忽墮深谷。手足傷損危殆。小童報知蔡君。乃握符出迎沖告其故。蔡君曰。吾始遇徐甲。云老君有太玄陽生符。曾受之而長生。吾即遠離父母。尋經年餘。得遇於黃河中流砥柱峰。謹侍二十日。授陽生符。并還丹訣。老君將他適。辭歸。携二童遯居此間。依方修煉。九九丹成。稍覺有得。常用符活已死之人。但骸骨存者。投之即起。高徒雖重傷無妨

也俯身以符拂之手足便能舒展蘇息少頃即躍起拜謝
當晚蔡君留飲山齋共談道要三人遂成至契居三日別
蔡君遊於孟津使宗採樵被蛇中毒腹脹如鼓冲摘一草
揉其腹漸平復冲暗察宗肅恭如初面無愠色冲憫之乃
授丹經五千文及守一之道宗寶而修之勤恪無怠日臻
微妙冲同之入華陰山至往日煉處見磴道藤床宛如舊
識正留連撫玩冲提拄杖當頭一擊宗瞪一回即相對而
笑已覺悟前因矣遂謝冲提挈中聞瑤池金母有木禾甘
露又欲西遊彭宗請航嘘唏與蔡君作伴相別而去先是
昭王甲寅十五年春西有五色光貫紫微王令太史占

之封史鄧穜對曰。此西化之兆也。當有聖人昇去千年之外。聲教返此。（至漢明帝時。佛教始通中國。）佛日增光。法輪常轉。

清淨經云。能悟道者。可傳聖道。老君之於文始。亦嘉其能悟。故傳教特深。其他則否。蓋因材而篤也。更可嘉尹軌之追踪。乃兄連鑣而上。想宛丘一脈。可謂仙真世家。杜冲之於老彭。一聞棄世。必欲究其去向。直至度彼還原。方纔放下。如此好弟子。有一無二。可敬可羨。

成曰。老君行化西域。遂成佛國。而中原之外。南北東三方。俱置之何歟。余曰。化得一方。後世目為異端。再化幾方。不知更招如何議論矣。

毛公揚

楚熊廉

卯號子

○○○容成公細譚靈嶽　○○○穆天子遠宴瑤池

昭王丁巳十八年夏王假寐夢白雲中一人服皆羽毛王知爲異客求其術羽人授以絕欲之教王未嘗遵之秋九月夜月有五色光亦貫紫微垣宗周井水泛溢天官奏知王問鄧種主何吉凶對曰紫微天子之位月爲異姓之臣沖貫泛溢皆下犯上之象王問異姓孰强司空毛公揚曰楚熊繹子廉紹立淩弁漢東小國朝貢不至王曰是矣寡人巡守南方使其知威羣臣切諫不聽種退而歎曰災宜禳避未聞迎之也南巡必致不返是夜飄然適去自號卯跣子行氣鍊形煑石髓服之曰石鐘乳往來山市至百餘

祭公微　歲人猶見之冬十一月王用祭公微隨駕大閱六軍起行

熊保　漢上人報入黔中楚子康大懼子保密獻策以待戊午春

王至江上將濟漢濱守臣以巨船進王御中流一時膠液

游靡　船解王及二百人皆沒於水右軍一卒名游靡長臂多力

負水振身得王已無及矣六師輿屍而還羣臣迎葬年六十五

房后　在位十九年不以訃聞列國周召二公立王長子滿房后所生是爲穆王

穆王　年已五十王痛父遭害即欲問罪周召曰姑俟明歲然後傳檄

曾考公　合討之是秋楚子遣使臣人周謝罪弔喪致貢賀立徐州

煬公　淮夷自周公征服至康王十九年曾考公之子宰曰煬公曾揮戈

幽王　返日被弟濆弒而自立是爲幽公王不能討及昭王南征而返置

◎君牙
□徐子
◎龐偃
一孤獨老姥
◎鵠蒼

而不問徐夷謂周德甚衰率九夷作亂西至河上以犯宗周穆王新立二年畏其逼徙南鄭以避之（今漢中府）芮伯之孫君牙曰徐夷漸不可長泗上有龐姓之國徐子者歲率東方諸國朝貢可命搗夷之穴王遣使諭之先時徐國宮人姙娠而產卵棄於水濱有孤獨老母畜犬名鵠蒼啣卵歸母覆煖之遂[虫弗]蝍成小兒有觔無骨坐時正偃故名偃徐君聞之乃收養長而仁智徐君卒偃襲位鵠蒼臨死忽生角而九尾實化黃龍形體葬之徐梁界內（今名狗隴）至是承王命會齊魯由濟水攻其國徐夷遠至河津徐子邀擊之九夷大敗辛酉三年王還都分淮泗諸國命徐子主之賜以

◎伯冏
◎盛國
△痛氏

白旄黃鉞爲東諸侯之長徐君遂自恃北廵至燕境南廵至越地甬東居翁洲山三日而返王以君牙襲爲大司徒以伯冏爲太僕正戊辰十年王寵妃病死本姬姓盛國之女王哀痛不已改其族爲痛氏辛未十三年犬戎侵西陲王親董六師征之戎遁去明年西戎之胡獻玉盃謂爲百玉之精明夜照夕獻昆吾山之銅赤如火王以之作刀切玉如泥王素慕道集方士於春宵宮常設氷桃瑤醴以享之是冬王遊於黃臺之丘地多栽黃竹獵於苹陰北風雨雪王休於日中猶寒見一凍人負涉王作詩以哀之我徂黃竹負閟寒云十五年冬有道人披絳綃繫白籐縧氣出如蒸狂歌都

帝王命宣入恭迎命坐問其從來道人曰予乃黃帝之師容成公也向留於越與南障匡生盤桓聞吾子好道故來見耳王大驚下拜謝過容成曰予果篤敬吾當語之遂教以補導之法鍊精於玄牝其要以谷神不死不去火食養生守氣爲主王進問長生之道容成曰享美奉者欲勝於德得延壽命足矣何暇他求王再問容成曰非爾所知也王乃叩其八極之名山神仙之洞府或得一遊以知天下之大容成曰可可斯爲子言之海內已有九鼎版圖可考至於八荒之外非歷擊不能知也世但聞有蓬丘閬苑而不知有大五嶽一曰廣乘之山天之東嶽也在渤海中爲

發生之首上有碧霞之闕瓊樹之林紫雀翠鸞碧藕白橘上主歲星之精居九氣青天之内青童帝君治為方諸上都二曰麗農之山天之南嶽也在漲海中舊為南極老人靜養之所今延赤精道君為山主建造朱宮絳闕赤室丹房有紫草紅芝霞膏金醴上主熒惑之精居一炁丹天之内三曰常雄之山大西嶽也在清海之中西王母起白華之闕立三素之城有瑶林瑞獸練水珍禽分撥子女居而修鍊上主太白之精居七炁素天之内四曰廣野之山大北嶽也瀚海北弱水中即須彌大地之下都水精道君潛修於此山多瓊樓寶闕金液龍芝上生辰星之精居五炁

玄天之內九曰崑崙之山地之中嶽也一曰崑崙在八水之間上當天脊形如偃蓋東曰樊桐西曰蕪皐南曰積石北曰閬苑王母獨處其中大安羣仙之所上有瓊華之闕光碧之堂瑤池翠水金井玉彭館宇非一上主鎮星之精居於中元一柱天中是爲海外五嶽海上更有十洲三島百嶼千巖如五嶽之州縣其三大部洲之萬萬山巒丘壑非可勝計此八極之大觀也穆王聞言神移半晌曰有此仙景不追遊空使天地笑蜉蝣矣容成笑曰我輩浮空飛游亦得經旬若肉體凡夫終世難歷況諸山嶽在海外有舟莫能渡惟中嶽崑崙與夏原相近陸地可通猶必良御

神駒方可超越險阻。王問王母何如人。容成曰。與天地俱生。壹化無已。王歎羨曰。山川遐絕。何得而通。容成曰。諺云大秦多寶。中國多人。月氏多馬。但在多處求之。何患不得。若崑崙之路程形蹟。（爲此而求）我有一圖。當以贈子。視之如羅掌上。向藤絛解下。約有數策。授王展覽。委曲景致。宛在目前。容成留談數日。欲去。請期再晤。容成曰。或在崑崙也。遂飄然而去。王即遣使至月氏求馬。明年甲戌。進善馬百匹。選精良者二駟。曰蕑騮（漢書作華騮）。綠耳（一作騄駬）。赤驥（又作赤騅宋世名好頭赤）。白犧（古犧字形似牛）。渠黃（一作駏騠）。踰輪（所謂魚文馬目如魚行如飛鶴游魚）。山子（一作岫子今之五明馬又名五頂此撥的盧）。盜驪（又曰温驪果色也今之纖青色後代名騊駼）。是爲八駿。皆

季勝　孟增　衡父　造父　泰豆氏

龍顱鳳臆、虎脊豹章、振鬣長衆馬皆瘠、王命養之御廄、更出榜招募良御、半年始得其人、乃汾河人氏、飛廉有少子季勝、生孟增、取幸於成王、居狼皋、生衡父、衡父子曰造父、有泰豆氏、黃帝時邑吏、後爲精御藝、隱太行之項、造父始從之習御、執禮甚卑、泰豆三年不告、造父執禮愈謹、泰豆告之曰、汝先視吾趨、趨如我、然後六轡可持、六馬可御、乃立木爲塗、僅可容足、趨走往還、無有跌失、造父學之三日、盡其巧、泰豆曰、子何敏也、遂與講明諸法、遣之展藝建業、造父辭師下山、適有榜募御、見王陳說御道、并教處八駿於東海、養以龍芻、王曰、善哉、斯可遨遊崑崙矣、乃自整

祭公祈父

一離商

一參百

一奔戎

此時蓋已仙乎

出獵吉凶得萃之澤王斷曰其卦遇訟逢公不足慮也擇明歲乙亥十七年春西行太僕伯冏切諫不可荒遊王曰朕少尚神仙常欲使車轍馬跡遍於天下以倣黃帝今得此二絕將欲週遊窮極何懼小醜哉司馬祭公祈父知王欲肆其心志乃作祈招之詩王不省命周召毛祭四公及君牙伯冏諸臣輔太子緊扈守國王載圭璧寶物望西起行離商執戈為右次車為副乘參百為御奔戎為右遥絕翟道升太行重過黃臺王憶前事歌之和聲動地車馳馬驟迅疾如驚帆飛鳥光眩如匹練流星耳畔惟聞呼呼風響一息數里過目萬山渾如奔走不定已出大散關回顧

妙景如見

車從絕無蹤影王令憩平麓候之造父解馬牧芻一道者
斜卧松坡王步近俯問何往荅曰北遊東還求嘗王母瓔
漿王怪問曰子何姓氏而能徒步遠適道者曰我玄逸道
士杜冲也崑崙旦暮可至偶因神氣不振暫此休息耳王
思盍邀偕往遂語其事冲曰太子既肯挈帶省我跋涉何
爲不可但此去川澤必多頗艱解靷待渡可不擔延日久
我有飛渡霊符投水面即堅如平原履之不溺王恭請登
車同載求問玄理出語與容成[illegible]似越一宿後車始至王
命安頓關下冲曰陽紆山馮夷河伯之所居是爲河宗宜
先祭之導車能渉弱水魚鱉黿鼉以爲梁王獵得白狐玄

巨蒐氏

貉以祭沉璧禮焉是夜河泊邀王披圖視典以觀天下寶
器及旦而窮杜沖教止帶三日乾糧起程一路皆賴神符
飛渡二人在車放眼郊原造父坐車前心曳體閑掌策執
轡疾馳至巨蒐之國黃帝之裔國人知之夜獻白鵠之血以飲
王具牛馬之湩以洗王足二乘之人飲已而宿明日起行
暮登春山棲止三晝已達崑崙赤水之陽別日將升其丘
週視四方上下景象與圖無異仰觀頂上有柱峻極接天
何啻萬仞其圓如削下莫能攀援杜沖曰崑崙有天柱上
有仙人九府之治與天地同休息即此是也遙望絕頂處
隱隱有一人梯几而戴勝蔾杖旁有人操杯東向侍立面

得人指引
方知道

前有三首鳥給使供食但上下懸絕招呼不及待吾先往通知聳身如鳥而上良久與四青衣女童同下傳請上山引至山前一女童執拂開道倏現一條坦路委委迤迤所見悉如圖中所載漸覺山勢巉嵃車馬難及上有大字橫書地首崑崙之墟停車駕於此王攝衣而登遂陟崙頂王母妙顏怡怡領數十仙女乘鳳輦來迎王趨近俯伏深致敬仰之意母令女侍扶起待以賓禮王執白圭玄璧瓊珠燭銀爲謁見之儀母曰天子迢遞辱臨請一遊覽王遠隨於後巡視山景有青衣指示曰此一角正於北辰星輝名閬風苑東北過槐江嶺是謂玄圃丘正東一角爲崑崙宮

其處積金爲天墉城當面有千里城安金臺山陰之顛峙壁莫上坳處積雪春夏不消圃內桃花紅白相間遙觀羣大靈巖若蟄山海山龍山弇州日月山之類俯瞰百川宗派若黑水弱水滔水三淖渥洼水之流信步行去驚起崖前麃鶴避開澗畔獼猴兩旁夾道森立琅玕白木枝斯璿瑰幾疊樓臺鏤飾珠璣金碧宮曰神居王問何處母曰即予所居羣玉山頭也王曰登臨已至玉臺上淩霞秀先氣莫傳先王所謂策府者是耶遂登石室之堂飲蜂山石髓食玉樹之實正觀日入之際女童傳報宴已備於弇山瑤池矣王母遂延至昭宮四開綺窻皆設明王障遊王入席

阿母

王惶恐不敢就座。母曰。天子固中國萬民之主。至尊也。至此西隅。何辭客座。王又讓。沖沖曰。仙家以瀟灑為尚。不以世禮相拘。毋拂阿母敬意。於是王面南坐。母北面相陪。沖西向。青衣獻華池雪水。茶奇香非世所有。臺前奏九天仙樂。羣姬疊進佳餚。頻斟瓊液清觴。少頃。進素蓮碧藕。母自擕王飲。至數巡。左顧右盼。見執壺捧盒者。無非殊容艷色之娥。使令供役者。都是大鸞少鸞之鳥。王極口稱妙。臺下鸞歌鳳舞。百獸盤旋。母顧左右曰。周天子至此。物類尚爾承顏。汝輩何不一獻所長。十數輩綵裳仙女。領旨起舞。初若流水行雲。猶分彼此。既而如遊龍舞電。莫辨縱橫。王

目眩心旌幾於手舞足蹈。又有翠袖女童四人。執盞捧壺
進浮琰之膏甘[redacted]於筵上按舞而歌曰。
崑山[redacted]赤[redacted]鸞鳳鏘鏘勸獻綠醑
兮。[redacted]
王捧觴[redacted]觴酙酒起醋母前。高酬作歌曰。
人生無幾睽合偏多。山川相間道路悠悠離母東返何
復能來。
其辭悲悽。潸然下咱。母解其意。飲畢。親薦瓊液爲醻。發新
謠以答之曰。
白雲在天。山林自出。道里悠遠。山川間之。將子無死。尚

能復來。

王喜膜拜而受。遂以佩之白璧重錦。更奉毋爲壽。有頃傳歌罷舞。王見許多麗姝美倩。不知是何名目。欲問不敢。毋知之曰。天子欲知衆婢之名。日後可得也。王惶赧無地。同視杜冲理頭憃啖着果。一如聾啞。猛然拍案曰。我等在此得享美品。豈可使執轡而來者。不嘗一味乎。王曰。微子言。吾已忘之。毋令青女傳來。造父伏於階陛朝見。毋呼之上

造父何幸。

臺。賜玉液一甌。桂香苓實糕一笏。令坐石磴食之。毋更邀散遊九府及龜山琳宮蕋珠。紫蘭諸處。王此時樂而忘歸。東南忽一朶綵雲飛至。現一披絳綃仙翁。有眼快仙姬報

云。容成天公來也。人寰曾有約仙境故催歸。

穆王西遊容成啟之。繼得八駿之良。遣父之御。中途又值杜沖。爲土山通信之人。似王應見金母。適逢其會。故諸事湊手。此葢仙眞恐世人視爲虛幻。特於穆王一顯其妙之耳。不然。猶是崑崙。何輪蹄莫繼。

員丘有路可通。仙都可覲。使好奇之士。褁糧而至者踵相接矣。其後周使一至。目覩荒榛。庶可杜俗人之跡。穆王既得璽長之服萬歲如等閒也。寧不能延生永命。而解形崩逝者。仍示民有終耳。

○○尹眞人一過周都　○○伯陽父再遊史舘

各向前迎視天公喘噓謂王曰與子別後東至泗上徐子偃自敗九夷拓地五百里行仁義以結東方諸國多歸附之但好怪得怪魚怪獸列於庭招集奇誕於左右淮夷懼貢珍寶器械極多徐子得朱弓赤矢以爲天瑞乃僭稱偃王陸地而朝者三十六國將不利於邦家臣民皆怨王怠荒我亦不能辭其責恐子留連忘返故急來報子可速同（能招之來亦能揮之去妙妙）以慰衆心王聞言如芒刺背即拜辭欲行（究竟放不下家國）母曰未盡天子之權政事爲重不能强留王遜謝以臨行所筮卦示母母曰殷有巫咸者善筮留於此山召來爲子一占俄頃咸至

占其卦繇曰、

藪澤蒼蒼其宜正公。戎事則從。

咸曰、不久自當安定王謹謝之、欲邀容成同歸制敵成曰、未嫻軍旅又邀冲冲曰、西來尚未請嘗木禾甘露不忍遽去、天子何慮狂夷王慘然不樂復作歌曰、

余歸東土。和洽諸夏。萬民平均。吾顧見汝。比及三年。將復而野。

母與二仙送至山下、殷勤話別、冲贈飛渡璽符百纂。扶挾三上車王不勝惆悵母慰之曰、重會可期勿增傷感王命造父轡策八駿、如離弦弩箭、回視崑崙、遙在白雲多處、凡

井公傑

伯謨

遇川源。投符飛渡。日行萬里。王歎曰。予一人不盈於德。後世其追數吾過乎。一路西風颯颯。滿目淒涼。三日至大散關。從車來衛。從雷首太行而入宗周。羣臣郊迎。曰。王出巡六月。徐子藉以謀亂。王詰曰。往返纔六日。何云如是之久。羣臣曰。春初西巡。今及新秋矣。君臣嗟異不已。王欲南征。一軍盡化。慮犬戎在西。與井公傑博奕。以卜勝負。三日而不決。毛公揚曰。先主溺於漢江。楚人每慮王師之討。若命以伐徐。必能效力。王遣使入楚。楚子得旨。傳檄江黃舒蓼諸國。集於淦山。今壽春界巢縣徐子不防。南楚遠來。迎戰大敗。奔回。長子伯謨。出幣帛迎犒乞降。楚子請命於王。是月。徐偃

卓識

趙

西極化人

卒於彭城。王聞伯謨頗賢，仍令奉祀。遷其怪誕好奇之士於越之翁洲山，建一城以居。即甬東地。後名偃王城。王忠西巡遠涉，復疾歸除亂，皆造父之功，賜姓趙，封以汾河一城。今平陽趙城。造父聚族以居。王更八駿之名以褒之。絕地、翻羽、奔宵、超影、踰輝、超光、騰霧、挾翼。王晝寐，夢執一人之裾，騰而直上，歷有見聞。王實以為清都紫微，鈞天廣樂，上帝之所居也。既寤，王問所從來。左右曰：王默存爾，故來示諸景象。王曰：此必西極化人也。既來見，嘗為改築宮室，其高千仞，臨終南之上，名中天之臺，以冀復至。明年春，江淮人貢雪梨蘭茶，王遣使數人至崑崙，持以獻母。去三年始返，云至山下無路可登，及攀緣而

必此方絕後人追遊之想

尹輒

祭公謀父

上並無樓臺人物唯聞虎嘯蛟腥恐甚置禮物於坡致意
祝告而回路遇一杜道士聞及云是前與王同遊者曰天
子何必遠事神仙中國有道者亦復不少關尹喜既通流
沙今草栖於終南之陰我將召尹道士同往一遊也王得
此消息因留心訪問守臣云成周東市有施藥道士自稱
尹轍王命迎至京師問何謂道士答曰人行大道身心順
理故曰道士談及杜冲極言與之相契王信其眞有道德
呼爲尹眞人創樓觀與之棲止又招幽逸之人數輩置爲
道士奉侍以學其道月給廩祿以奮爲王終以犬戎爲慮
癸巳三十五年欲與師西征時祈父卒子謀父代爲祭公

進諫不可王不聽遂征之犬戎避入鳴沙之北遣人貢四白狼四白鹿以謝罪王取之而歸自是荒服者不至王知過名寢宮為祇宮凡凡榻窓座間皆以祈招之詩為銘以誌之進謀父為司馬以旌其諫王年百歲府庫空虛財用不足己酉五十一年與呂侯議為權宜之術以斂財呂侯變為贖罪之法雖大辟亦許贖免（大非舜命金作贖刑之義矣）命侯作祥刑之書五刑之屬三千謂之呂刑又謂甫刑封呂侯於潁川曰釐（音許）以續太嶽之後壬子秋尹真人觀中道士來報昨宵有杜道長來訪談至更深聞杜歌云

王跨黑牛去吾乘白鶴遊

共王　涇水娙　密君　隗母

真人亦歌曰

休休休不可留萬物皆有止寸心焉足酬趣此清風歸

去也水雲空濶洞庭秋

啟戶二人不知所在王歎曰吾命將窮矣明年癸丑春王有疾召太子示以析招之詩深責己之不德三月壬言夜見西母下降相與乘雲上天明日遂崩（年百有五歲在位五十五年）葬於畢郢甲寅春正子緊扈立（是爲共王）戊午五年涇水有三女私奔涇丘密國（姬姓今平凉靈臺縣）密康公受之其母隗氏訓之曰必致之王密君弗聽耽三女之色苛歛貨財以供用一年民不安生共王知之乃出遊涇上密君來迎王并獲三女

斬於市滅其國聞隗毋賢戴歸給養諸侯聞王能誅淫虐

懿王

朝貢不缺在位十二年八十四歲崩子堅立是爲懿王改名囏丁卯二年王自鎬徙太丘今之興平縣王室遂衰時人作詩刺之在位二十五年崩年五十三歲

孝王

王子尚少乃立弟辟方是爲孝王有惡來之後名非子者以

非子

造父之蔭亦家於趙惡來子曰女防防生旁皋皋生太几几生大駱駱居太丘娶申侯女生嫡嗣曰成庶曰非子非子好馬善養息之太丘人言於孝王王使主

秦

馬汧渭之間馬大蕃息王喜封爲附庸之君邑於秦之涇

夷王

陽使續益後復嬴姓號秦嬴是時天忽大雨氷雹江漢俱

齊哀公

凍牛馬死者無算王在位九年崩壽五十九歲太子爕立是爲夷王

楚熊渠

齊哀公烹藐視王室朝貢不至熊繹五世孫渠國勢强盛

衛頃公

虢公仲

厲王

唐宏

葛雍

周武

僭稱楚王居黔中即長少王力不能制衛康公七世孫頃公首壞王制并邶鄘之地而有之王若罔聞自此朝貢者無幾王始下堂而見諸侯丙午七年太原之戎侵掠邊民王命虢公仲敗其衆是冬還都鎬京王在位八年崩太子胡立是爲厲王暴虐無道辛亥四年淮夷入寇命虢公征之年餘不克諸侯漸强大王田獵廢政有諫官唐宏字文明葛雍字文庚周武字文剛齊入諫不聽俱棄職南遊於吳年餘入越至王嚴山四面陡絕惟一徑捫蘿可入下有清風峽桃花洞遂栖居於此吳子聞之相招與語國事皆富强利民之術△吳子待以賓禮會楚兵侵西境吳子憂之三官進曰臣等

上 榮蝟

◎召虎

△衛巫

◎周公樂

◎宣王

□秦仲

◎尹吉甫

⌓方叔

爲君退之乃出師用神策敗楚吳子厚賚辭不敢受乞居地肺句曲山中修道吳子乃給祿米問候吳國始强厲王好利榮公蝟亦好利三月爲卿士國人謗王召公虎諫曰民不堪命矣王怒乙郊使衛巫監謗者告則殺之道路以目已未秋國人襲殺榮蝟即共攻王王徒潰出奔於彘汾水之上屬河東永安太子靖匿召公之家公出諭國人與周公樂協和治國號曰共和至共和十四年厲王流死於彘太子巳長二相輔立之是爲宣王甲戌元年春王命大夫秦仲西征犬戎秦嬴非子生秦侯侯生公伯伯生秦仲夏命大司馬尹吉甫北伐獫狁二年命方叔南征荆蠻命召虎東征淮南之東八王親伐淮北

秦莊公欽　姜后　仲山甫　申伯景　魯武公　史籀

三年玁狁敗於陽曲，荆蠻致貢，伐平淮夷。六年報秦仲死於戎，仲有子五，長曰欽，公莊與昆弟大破西戎，王賜其犬丘地，爲西陲大夫。王自興武功。六年大旱，王側身修行，靡神不舉，索鬼而祭，天乃大雨。時唐葛周在句曲，聞王能修王業，復歸於周，仍使居位，未幾，遷三官於東冢，民受其惠。八年王巡狩東都，因畋獵以講武。十年，安集流民。王得姜后之賢助，周召方尹之良臣，更任仲山甫申伯景。景姜姓，王之母舅，甫侯之後，封於申。山甫洛人，最賢，食采於樊。上下相洽，海内向風。十二年，魯武公率諸侯來朝，周室赫然中興。是時柱下史籀籀，驪山人，世號史籀，能大篆，取蒼頡形意配合爲之，損益古文，加以銛

鄭

伯陽父

利鉤殺謂之籀文又能作複篆爲人明達頗識天文王甚愛出必與俱王田於陳倉之野命籀作獵碣凡十大徑尺餘高可三尺其形如鼓載述所獵之事宋徙於開封元人移置幽都國子監今陳倉不鼓山有王怠於爲政姜后脫簪珥以諫王復勤政丙申封弟友於鄭伯爵華州北有古鄭城壬子姜戎抗命西戎有犬氏羌姜驪五種皆四岳之後王率師親征吉甫諫不聽王師敗績於千畝遼州城東南思欲再舉料民於太原山甫入諫卒往料之於是史籀憣然欲去館外有二客見訪籀揖進視之皆非凡品叩姓氏老曰伯陽父壯曰鄧眞人伯陽曰吾二人史館舊王人也觀子行色匆匆當告我無諱籀傾心告曰憂觀人事復

馮長

長桑公子

覩天文不出二十年。必有變亂。乘未發時。先引退攝生耳。伯陽曰。明哲保身。誠為美事。謂鄧穜曰。汝與之同隱洛南。投公子倫處。必然相留。予於此游戲片時。籀見吉甫薦伯陽父代職。籀遂改名馮長。字延壽。占逢此道長。而將事長生也。穜與之辭去。伯陽復就館職。往見吉甫回館。見一童朱衣散髮。行歌於市曰。

巾金巾。入天門。呼長精。吸玄泉。鳴天鼓。養丹田。

伯陽曰。此長桑公子所歌之辭。得服三星守洞房之道。招童問其從來。童遙指市東曰。吾師所教者。伯陽回視。果是此君。原來桂父南遊桂林。復歷東南諸勝。改名長桑公子

熒惑小兒

慈航大士

徧處以藥救人今老君遇匡續談及故知其事邀進館問之長桑曰南至邛洲深土拜見南極赤眞人廣壽老人眞人以熒惑小兒在南方作狂贈我爲行童初入華夏之南恐以火臨火亢旱多灾乃於荆蠻接壤處一夕開九十九井稍制其威復帶此童至南海聞普陀落迦巖潮音洞中有一女眞相傳商王時修道於此已得神通三昧發願欲普渡世間男女嘗以丹藥及甘露水濟人南海人稱之曰慈航大士因往訪之教我以飮甘露法復贈我號言桑能療疾凡園中牆下之桑皆短而可摘惟山野之桑不受採折任其長大并喻我之無拘束也老君歎曰皇人之婆心可

嘉也問長桑將何適長桑指小兒曰此子能先知世事作謡語以爲後應人能警省修德亦可轉禍爲福今欲與之遍遊四方提醒愚蒙也老子曰吾子能醫人之疾苦復能醫國之顛危乎周室將有女戎之亂何不令熒惑一警覺之使豫防其患或得挽回氣運長桑唯唯與熒惑別而西行欲往故鄉出都門未二十里抵暮見一簇人在林間造飯乃王料民回京欲面見明言恐洩機殼歎曰西周氣運將盡此子壽數無多因囑熒惑往鎬作謡吾暫遊齊燕來太行會汝也遂分投去王太原回都市有小兒間以女童數十爲羣皆拍手而歌曰

至此方明吉道算

月將升日將沒糜弧箕服實亡周國
王惡之令拘羣兒對以紅衣兒所教王令市吏禁止問所
聞何義吉甫曰史籀所舉伯陽甫者通徹幽明召問必知
但其兩足盤辟免其朝禮方可王曰聞文武時有史臣李
耳年老筋急不能拜舞起居此人如是亦其類也命往召
岂知原是他
伯陽駕小車入朝王遣兩內侍扶挾以進賜坐於旁問之
甫對曰天有熒惑星精化為小兒下世善知遙遠之事造
作謠言使羣兒傳誦上天所以儆王也王悚然甫曰日沒
進御
月升陰進陽衰必有女主亂國之禍王曰姜后選擇進御
女禍何來甫曰所者非目前之事速修德以禳之甫辭出

王入宮姜后啟奏有一老宮人懷孕歷五十餘年胙生一女已令棄於外河矣詢其由先王啟櫝所收龍漦之櫝漦化玄黿宮人遭而成孕王令內侍往探女嬰同報被水漂去王召伯陽甫占其吉凶甫布卦畢其繇詞曰

笑與哭相連羈羊被鬼吞馬逢犬逐慎之慎之檿弧箕服

王不解甫曰鬼爲陰屬犬爲戎類當應在未午之年王令禁造桑弧箕服有鄉人業此者聞令出逃於水畔聞兒啼抱之奔避褒城丙辰冬大祭王宿齋宮夢一女子自西入太廟且哭且笑東七廟神主攜而東走王恍惚還朝因怒

第四節　九

杜伯斬之忿懥不得正冠讐非所宜

抱朴子曰穆王南征一軍盡化蓋謂軍人皆懷異志君子為猿鶴者言在位之人亦欲遠遁小人為沙蟲者下輩將就蟄藏矣此稚川實悼其多事遠征也

唐葛周成真之期至周末始見而先伏於此時一以見証果之難一以徵史筆之逸

老君自康王時再臨史館傳道於匡鄧令宣王時復來史館接引蕭史入道其坐地可稱仙館

長桑君以醫術救世而榮感乃為良藥當於本草添此一味

左儒　隰叔　幽王　申后　宜臼　申侯　伯奇　尹球

〇長桑君徵露天機　〇太陽子致明時事

下大夫左儒爭之不得，觸柱死。杜伯子隰叔奔晉，後仕晉為士師，遂為士氏，食邑於范。王遂得疾不能視朝，至巳未秋，王體稍愈，獵於東郊，晝見杜伯操朱矢射中心窩，回宮疾發而崩。在位四十六年，壽六十七歲。太子宮涅即位，是為幽王。葬王於畢，立申伯女為后，子宜臼為太子，進后父俊為侯，炎帝之胤。元年春，太后薨，王不循喪禮，申侯屢諫不聽，退歸謝邑。鄧州南陽縣。時諸老臣相繼而卒，吉甫家報長子伯奇自溺而死，吉甫辭歸，留子球在朝。臨行往別伯陽甫，甫為之占曰，

死者不死，生者不生，依之同姓，秋夜月明。〇

虢石父　祭易　鄭桓　趙奄父　叔帶　姒珦

吉甫叩其詳，伯陽慰曰，佩之自驗。吉甫謝去。幽王以虢石父、祭易、尹球並列三公，皆工諛諂。惟司徒鄭伯友（王叔，諡桓）直諒不阿。辛酉二年，涇渭洛三川皆震。大夫叔帶（趙奄父之子，造父之玄孫）趨至史館告之。伯陽歎曰，夫天地之氣，不失其序。過序，民亂之也。陽伏陰廹，地為之震，是陽失而塡陰也。伊洛竭而夏亡，河竭而商亡。三川發源於岐山，皆震，川源將塞。既塞必竭，其山必崩。發跡之地若崩，周室能無恙乎。帶曰，變當何時。甫曰，善盈而後福，惡盈而後禍。十則為紀，數之盈也，天之所棄，不過其紀。是歲秋，三川竭，岐山崩。王不知警。叔帶諫不聽，攜家如晉。大夫姒珦（夏后氏之後，食采於褒）亦入諫王。

洪德

伯服

玉子 章震

怒囚於獄壬戌三年珦子洪德訪三美女獻以贖罪中一女即後宮所棄女嬰長而妖艷王專寵之是爲褒姒生子名伯服王聽其讒廢申后黜宜白立褒姒爲后伯服爲太子戊辰九年事也伯陽聞之棄職隱去唐葛周三諫官復去之吳遊離里山常州國山有石忽自開如屋宇寬廣可坐千人中橫一石長丈餘有一人臥於上招三官曰可坐我足後俟石立起即汝等成道之期三官異其語遵命坐下閉目凝神頓忘飢渴時朝職缺少皆援引黨類入代惟大史去位無敢補者聞荆楚有章震號玉子年過百歲精神異常淹貫典墳王徵爲太史玉子不就嘗自歎曰人於塵世去生

天地橐籥之顯露處

轉遠去死轉近但貪富貴至於命盡而死形爲灰土雖爲王侯金玉如山何益乎惟學度世之道可以無拘乃東遊齊魯遇長桑君師之受其術長桑復引至中條玄女庭學道數年始歸荆之方山其山四面正方上有風穴口大如甕夏則風出冬則風入春秋分則静玉子居其中著道書百餘篇精於五行之義演其微妙以養性治病能起飄風致雲霄雨霧又能以瓦芥早石爲六畜龍虎能噴水成珠久而不變涉水如平地可分形爲數千百人或閉息數十日乃起四方好道者從學甚衆每與諸弟子出各丸泥爲馬與之但令閉目須臾皆成大馬日可行千里常吐氣成

[illegible]明是術非道

◎離明

太陽子

五色雲高數丈指飛鳥即墜臨淵投符魚鱉自躍上岸指之復投於水常用水治病在內者飲在外者浴皆立愈離法術通靈更思求真道聞有燕氏入南空同求道得昇天去乃往拜訪玉子之友曰離明自號太陽子亦南楚人向遊西都聞玉子道高尋至方山弟子言師往空同求道遂趕至空同過道童云玉子丹成已回方山太陽子請見廣成大師童曰今早道友邀去遊蜀矣太陽復至方山事玉子以師禮玉子仍以賓禮相待問曰吾子久客京師必知西周之所以亡者太陽子曰幽王九年立褒姒悅之萬方終不得一笑十年遊驪山虢公請舉烽燧諸侯兵至而無

鄭武

平王

秦襄

東周

魯惠

王子餘

危褒姒大笑愛聽裂繒聲王令宮娥裂以悅之又求故太子於申欲殺之申侯弗與西召犬戎伐王王舉燧諸侯不至犬戎遂殺王於驪山褒姒被虜伯服死於兵鄭友救駕戰死祭尹皆被殺戎入鎬京盤踞焚剽申侯密召衛晉秦平戎黨世子掘突迎立宜臼是爲平王主以西周逼近犬戎遷都洛邑秦伯開以兵衛大宗伯奉七廟神主先行而周轍遂東王命秦伯逐西戎盡以豐岐地賜秦闢地千里立西時僭祠白帝魯惠公亦僭用郊社之禮鄭伯掘突併有東虢及鄶都滎陽設關於虎牢即汜水關初虢石父與王子餘逃歸西虢聞幽王被殺立餘爲王及平王立石父奉餘附於

晉文侯

晉皆爲晉侯仇所殺。讖餘曰雋。是時王室愈微，令由方伯，紛紛列國之世矣。太陽子脩述時政，玉子歎曰：此天數伯陽父言之也。太陽問伯陽何能而前知若是。玉子曰：是廣成子

虢忌父

化身，世稱老子者也。太陽曰：更有奇事，甲戌四年，王念虢

祭班

祭尹之功，命石父子忌父復國於虢，祭易子班爲大夫，仲子足爲鄭正卿，尹球無子，乃爲吉甫立清穆廟於江陽祀

祭足

之。是夏有二道士至洛求見，一云是吉甫長子伯奇，朝臣皆不識。道士曰：瀘江父老尚能識也。王命退遣入至瀘江，

張仲

召吉父親友來認，先有張仲者，其父無忌事厲王爲保氏，

張無忌

常諫王過，王使衛巫監謗，無忌疏諫，王怒，流於番禺而死，

黃母

仲方在姙母黃氏泣祝於洞庭之君山感神人降雲路而

忠嗣

投身黃母慈祥明辯篤於教訓十歲始就外學名忠嗣追

三張平子

先志也既長而冠祖平子字之曰仲及宣王立仲詣京登

三張允思

跡石自明詔追復無忌官謚曰獻仍以仲爲保氏有兄允

三張懋陽

忠早世無後仲以次子懋陽繼其後祖母趙氏年八十終

三趙母

祖父以哀廢食尋不起仲以孫承子服喪三年哀毀盡禮

上南風成

時以孝友稱與吉甫同朝吉甫出征左右讒之仲爲賦沔

三南温叔

水之什王聽之得保其終先是無忌得罪以佞臣南風成

三韋仲將

之譖時風成死子温叔有才而賢師氏韋仲將稱之王升

仲爲大夫保氏朙人乃釋私仇而舉温叔以自代韋仲將

△然明 △孟母 ◎南仲 多寶如來 西極真人 白輝 雪老

三幼女死五女而無子仲爲嫁其三女二幼者俟其長納爲然明懋陽之婦黃母壽百歲而視聽不衰平生持內觀經有所得一日呼仲及媳孟氏語以超悟之理隱几而逝後再以童女身得道爲妙惠真人王奪仲情起復時吉甫召公南仲方叔皆故惟仲爲老臣王初以宮湦爲太子仲力諫不可及幽王嗣不明政治仲復諫之王故銜未釋因怒甚仲乞骸歸與鄉人燕飲爲樂一日王賜酒仲飲之死神遊西蜀經雪山昔多寶如來修行於此八年得道又西極真人久住於此亦得証果山神白輝留仲居焉未幾上帝有旨命爲雪山大仙及是心有所感乃出山赴召自稱雪老王詢以伯奇之事對曰伯奇性極溫良吉甫訛臣教

塵緣未斷

誨屢被後母遣子球譖之吉甫遺書刻責伯奇不能明但撫琴作履霜操△今州治北有撫琴臺已每以盡孝爲之未幾爲後母所逐逕投汶江而死每逢清夜有悲歌發於水底舟人爭歎之吉甫歸泛舟覓其踪亦聞其聲乃援琴作子安操以哀之已死久矣何能更生玉召二道士至老見之果是問其由伯奇曰自見逐後乃思父母既棄何以生爲向江濱自溺僵浸六日衣苔帶藻而面色不變適遇眞師同杜道大是○長出遊憐我受冤賜丹藥起死○責以怨忿捐生有乖孝道謂我死則尹氏遂絕第球將不得其終吾師同居水底數年鍊合水丹遇月夜相賡而歌云是出頭之日故送至此

此辭亦得

雪老喜問眞師杜師何謂伯哥拱手曰眞師文度尹公杜師被南嶽彭眞人邀教其武夷二子(安頓杜沖)老曰汝父以伯陽所占縣辭示我今汝生而球死眞師爲同姓秋月明者言汝終當晚得言言皆驗矣遂別去於是王以伯奇爲司馬建延眞觀以居尹軌選好靜者七人爲道士以侍奉玉子益言老君之神妙太陽子奉事唯謹玉子喜其誠僅嫌其好酒責之曰汝當理身養性爲衆法師乃昏迷沉醉功業不修大藥不煉雖千歲終難免死此凡庸所爲豈子所宜乎遂深加勉勵勤修上道後著七寶樹之術服大丹得仙其

朱翼氏

太陽女

妻朱翼氏曰太陽女能審五行道術年二百八十色如凝

盧全　盧紀　顓和　老姥

雪尸如含丹。宛然十四五歲處子。太陽丹成。分與服之。亦得仙道。夫婦拜別玉子出遊於外。以度有緣。至漢陽。有女子盧全頗得玉子之法。然未能精妙。苦無明師。乃於要道當鑪賣酒。密求有道。積久未有勝己者。會太陽夫婦入肆飲酒。見全禮節恭修。太陽喟然曰。彼行白虎騰蛇。我行青龍玄武。天下悠悠。知者為誰。全聞之喜。使妹紀問曰。士數為幾。太陽曰。不知也。但南二。東三。西四。北一。中五耳。妹還曰。客大賢者。我始問一。已知五矣。遂請入道室。更進妙饌（伏筆）以享之。自陳曰。此處有太玄仙女。名顓和。少喪夫有術者相其不壽。攜母入山。攻玉子之術。隱方山數年。盛寒時單

太陰女

衣行水上能徙宮府城市於他處視之無異指之則失其所在門戶櫃櫝關鑰者指之即開指山崩指樹死更指復如故每與弟子山行日暮以杖叩石開如戶中有床几帷帳酒食畢具所至皆然又能坐炎火中衣裳不燃行三十六術有神效起死無數不知何服食鬢髮如鴉白日能昇雲際今與其母靜養於雉衡山石室我曾服事數年不能探其微奧幸遇吾師敢求教誨太陽子曰共事天帝之朝俱飲神光之水身登玉子之魁體有五行之寶惟賢是親豈有所吝遂授以道要及蒸丹之方呼之曰太陰女盧全請其在室立竈辦材抽添火候二月丹成太陰姊妹服之

鄭交甫

安頓其妻

得仙太陽留妻與之同住漢陽自遊方外太陰姊妹常麗
服華裝出遊漢江鄭交甫者遊於江皐見二女佩兩明珠
大如雞卵不知其神人起心悅之謂僕曰我將下取其佩
僕曰此間之人皆習於辭不得侮焉交甫不聽與之言曰
行遊勞矣二女曰客子有勞予何勞之有交甫曰橘是橙
也盛之以筥令附漢水將流而下我遵其旁而搴之知吾
爲不遜也願請子佩二女知其戲已答曰橘是橙也盛之
以莒令附漢水將流而下我遵其旁捲其芝而茹之遂手
解所佩明珠以與交甫受而懷之二女淩波趨去交甫惘
然行未十數步懷空無珠歎曰漢有遊女不可求思皆能

以禮自防人莫敢犯況神仙之變化乎太陽子行遊中岳夜宿山下聞音樂悠揚香雲馥郁清旦上山探訪山半有童迎入洞府是宋國公子倫字玄德不喜繁華專心向道常棲止樓觀服黃精二十年厲王時知老子歸亳往求其道得通眞經及丹符避入嵩山有六玉童遞侍豫知未來吉凶能飛步淩波或化禽獸以試人心獵者逐之常相去五十步善射者不能中每與病者寢病則痊年九十餘宣王乙巳春上帝遣仙官迎授爲太清眞人分司中嶽諸事佐黃元大光含眞君化育燃燈大師往西方設教未回故擢倫爲儲副居少室山含眞眞君素好音律常請倫作樂

伏筆

宴飲、癸丑秋、有鄧眞人引馮長至爲在同門、深相敬禮留
居太室下院、適有太明眞人來會、太清治宴款待、并邀鄧
馮陪席、宴會之際、觀太明神姿迥異、席散、太明留宿山軒、
馮長不敢造次啟問退謂鄧種曰、太明何所從來、鄧曰、初
曰彭祖、今曰彭宗、轉賴弟子杜冲授丹經守一之道勤修
日久始成、其靈變不可盡述、初與蔡眞人瓊同居汝水嵖
岈山、有毒蛇猛獸攫害過客眞人患之、乃叱木石爲人形
遂食腹痛欲絶是後逢人不敢復顧化爲馴良招其守戶
或作坐騎、獵者欲捕搏亦不得知眞人教其躲法、遞相毀
罵、忽手足自拘蠢然屍立使幽靈擊之但覺搥扑之苦眞

人侯其悔過始令釋去至厲王戊午正月十五老君遣天
仙下迎授令職治赤城宮在南嶽督理事情儲副霍山令
來關白政事長聞言潛步上山於軒外窺之見有神燈數
盞浮空映席長趨入長跪眞人扶起同坐長讚頌所見神
異眞人笑曰我常三晝夜爲一息或自沉水底竟日方出
或瞑目僵卧年餘起復如故若夫神盞雲霞身自有耳未
發明
足爲奇也長拜求金丹旨眞人曰汝本上古朱襄氏天帝
命下界整理史籍今既功畢何敢少吝遂一氣誦丹經五
千文恐不能悉記爲誦兩遍長洞然暢曉明旦復授以太
上隱書長即修大丹服食容顏益少用術活人無算已成

成物自壽壽人

褒姒入而伯陽去位唐葛周之去、亦於是時、則三人之親炙於伯陽已久、人自不知之耳。

離里之卧者、未有起時、又繼以三人生之。真是奇事的是奇文

玉子具此神通、而知道不在是。更向空同精進訪求。後之證果、所以不同、

伯奇之純孝、若使投江而死、則虧矣、尹軌與省全生、忠嗣不斬、孝行無虧、可云補完缺陷。

太陰姊妹沽酒求仙、即有酒仙來度。亦是氣類相感。

○○盧徧鵲術動號人　○○秦穆公夢朝金闕

至平王庚寅春老君勅將吏萬騎迎爲西嶽眞人贊助素
元耀魄大明眞君侯天帝命下卽赴矣倫迎含眞眞君與
鄧彭來賀道成設宴於少室山堂管絃齊作長盛稱音樂
之美意欲採取律呂精微宋君曰此皆中嶽眞君製作也
長離席求教眞君曰子本姓蕭不必復求他樂我有赤玉
洞簫一枝子可吹之非數年不能得其神也子之仙眷亦
在於是呼玉女捧贈之并授以法眞君復令作鈞天之樂
驚蛇松梢白鶴宋君曰山半有人竊聽命童請來來幾引
一人至堂衆莫能識問之知是王子之徒宋君邀之入席

太陽遜居末座羣真問及玉子太陽一一酬對請問宴會之故宋君代爲宣言太陽曰旣中南(節節相生)西三嶽有佐何東北二嶽無之彭君曰五嶽事繁日理不給泰岱之良佐必俟大有功行者方膺此任今北嶽眞君聞長桑君往來青冀請居附近不敢屈爲宰輔太陽曰久聞長桑公子志在活人常變易姓氏渴欲一見當往訪之含眞眞君曰不日西嶽眞人赴任四嶽佐貳僚屬僉議政事長桑自然得見何必遠去太陽留居少室長桑於甲寅同北豁烏崙山洞視弟子馬師皇王氷學業許其再經三刼出山行道長桑同熒惑北遊醫無慮眞君迎問以庶事剖析分明欲委以政

衛武

鄭莊

太子狐

口魯隱

桓王

長桑即欲辭行眞君苦留於天涯空同二山之間三十年。悉加諮問平王東遷十三年衛公和薨鄭伯獨秉周政戊申、鄭伯薨子寤生立、王分政於虢公忌父、鄭伯怨王、王與鄭交質太子狐爲質於鄭、鄭公子忽質於周四十九年、魯惠公薨庶長子立、春秋之始平王在位五十一年崩鄭伯迎太子狐嗣位、太子哀慟而亡、立其子太孫林爲桓王、王以政畀虢公、鄭祭足取溫之麥取成周之禾、王惡鄭無禮、八年、魯公子翬弑隱公、鄭伯不討其罪、而與之和、王益惡之十三年、興師伐鄭、鄭又抗王師射王中肩周虢二公衛王以歸丁丑冬、長桑聞鄭暴悲欲懲之辭無極眞君南行眞君囑以訪求德行者

◎秦越人

爲佐長桑仍帶熒惑逕奔鄭郊宿於郿舍明日値烝祭之期世子及諸子皆在長桑謂熒惑曰寤生不久自殂諸子非令終之相羣臣不得其死國勢削弱足當射王之罪矣郿舍長見二人有異遇之甚厚不責其直長桑問其姓名云是秦緩字越人少好學醫長桑更留二月相待如初乃謂之曰我有禁方子欲之乎緩大喜懇求長桑曰公無洩即出懷中方書與之授以神藥令其飲上池水三十日一作三十日病可不診而知但吾子相犯偏漏死非正寢當廣積功行或可挽回我以金刀屍解之法授子佩之勿失因自歎曰我受無極之託欲度爲北嶽之佐可惜不能正果僊

崔文子 陽厲 東皐公

爲世上良醫當再往吳越一遊以度有緣同歎惑飄然而去緩攀留不得自是如教日取竹木上未墜地露水（此上池水也）和藥服之一月果然眼明如鏡能暗中見鬼物人隔墻垣亦能見之視人病症凡臟腑之癥結無不洞燭見鄭國將亂東寓於齊之盧村（今長清縣）號盧醫人見其所治神效比古之扁鵲亦號爲扁鵲太山有崔文子者性仁慈喜以醫藥濟人聞鵲之名來學其術鵲復遊於魯遇陽厲好道存心利物收爲弟子隨行至東楚借宿東皐公家觀其輕財重義亦傳以方藥語以延年之訣教在本處救治謂陽厲曰吾師長桑君在吳越不久必來我聞王室有難將往一探兼覽

莊王
釐王
惠王

上蔿臣
上五大夫
占蘇子
口叔頹
口鄭昭
口宋莊
口鄭厲
上高渠彌
口齊襄
口子亹
口子儀
十賀須無

畿內諸國風俗桓王已於甲申年崩太子佗立爲莊王十五年崩子釐音僖王胡齊立作玄黃華麗之飾宮室崇峻輿馬奢侈在位五年崩子惠王閬立蔿臣等五大夫作亂王出奔溫邑蘇子復攻王再避之櫟五大夫立叔頹莊王少子爲王初鄭莊公薨子忽立昭公次子突居宋宋莊公逐忽而納突厲公立二載欲殺祭足謀洩足逐突復迎忽高渠彌弑忽而立子亹莊公子齊襄公誘執亹君臣戮之足又立子儀突居櫟十七年聞足死乞齊師襲鄭時滎陽南門內一蛇長八尺外一蛇長丈餘鬭於門閾中三日夜後十七日內蛇敗死外蛇奔入太廟齊將賓須無聞之向突賀曰君上宗

祀之徵也未幾果殺子儀突復位戊申春鄭伯約虢公以
兵納王殺子頹五臣皆死惠王反正扁鵲方入洛值鄭虢
二君並車鵲謂陽厲曰鄭伯不久當殂虢公氣色將有骨
肉之憂可往其國探之鄭伯於路得疾而薨世子捷迎喪
歸葬虢公至中途報太子暴蹷而卒公大驚趨回痛哭不
已有人自言能醫門監曰死已三日何能復生答云我鄭
人扁鵲也請試之監者入報虢公素知其名親出延入鵲
審視曰無妨敎陽厲用砭須臾太子漸蘇但不能言鵲曰
必得礪水之山所產之艾炙之立起乃檢諸囊中炙其囟
三壯太子開目言笑畧無苦楚虢公奉事扁鵲如神遍傳

無知
雍廩
齊桓公
管仲
山戎令支
無終國
魯閔
皇子神精

其能起死回生遠近皆來求治鵲留虢數年始辭去周遊救人無數聞齊爲盟主於是復還盧村初齊襄公無道爲公孫無知所弒大夫雍廩計殺無知公子小白歸齊桓公用管仲爲政齊國遂霸惠王賜齊爲方伯得專征伐丁巳齊桓公爲救燕難伐山戎令支無終國爲嚮導桓公登山見一人長尺餘徒步開道問於管仲仲曰此俞兒也昔黃帝兆行亦嘗見之遂渡卑耳溪滅令支及孤竹國冉申齊定魯閔公之位辛酉桓公獵於大澤之陂見鬼物大如轂長如轅紫衣朱冠捧其首而立公驚而病野人皇子知其名公召問之對曰是名委蛇聞車聲則捧其首見之者霸公喜而

晏蛇　王子傅　小臣稷　襄王　甘叔帶　戎翟　隰朋　鮑叔牙

愈。今重賞之。皇子出謂仲曰。予本周宣王次子傳之子。名
神精。父子棄俗入道。服黃連劑有效。父已昇天。予爲齊侯
能尊周室。故來釋疑耳。言畢遯去。壬戌。齊伐北狄。救邢城
衛。乙丑。桓公合諸侯伐楚。責貢苞茅。齊小臣稷抗厲希古。
桓公凡五徃。乃得見。世以此能致士。得爲覇長。惠王在位
二十五年崩。太子鄭立。是爲襄王。元年。桓公大會諸侯於葵丘。
義戴天子。壬申。甘叔帶與戎翟謀攻王。管仲平戎於周。是
冬。仲病卒。隰朋爲相。亦卒。以鮑叔牙代之。戊寅。桓公年七
十三。秋九月。扁鵲遊臨淄。謁公曰。君之疾在腠理。不治將
深。公不應。鵲退。公曰。甚矣。醫之喜於見功也。無疾而謂之

五

有疾鵲後五日復見曰君之病在血脉不可不治公曰寡
人無疾五日又求見曰君之病在腸胃矣宜速治之公微
笑更過五日鵲望而却走公使人問故曰夫腠理湯熨之
所及血脉針砭之所及腸胃酒醪之所及今在骨髓雖司
命其柰之何又五日公果病召鵲館人曰秦先生前日已
東裝西去至盧村召之亦不見公懊恨不已冬十月果薨
鵲西至邢衛醫治甚多居年餘土醫絕無活計乃詐延視
病僻地羣起刺之死於商都之陰時年九十七陽厲趨至死所
哀哭殯葬於路旁有病者至墓禱求撮土煎湯服之即愈或得小丸如丹雖危症可拔墓旁多生
艾草能灸百病後人爲之立廟按東皐公訴之東皐泣曰我在匡先生處

聞長桑太師在楚遊行。盡往尋問。遂同至南障。叩問長桑所存先生曰。前在吾廬宋眞人邀送西嶽眞人赴任席問長桑君談及北嶽欲覓賢才爲輔。彭眞人薦杜沖才德有餘。已同入關中矣。二人欲辭行匡君曰長桑路過富春桐君定邀宴會。至仙華山必入紫霊宮謁見應元眷屬華蓋山會我容成天公非只在武夷也。此間乃南北必由之道坐守於此。自然得見。二人遂留待至二月餘長桑與杜道士來辭北去。熒惑自在東南。每作讖語警世匡君引二人拜見哭告扁鵲被殺長桑歎曰。數合橫亡。然受我金刀延辭未知曾鍊習否。相都原是順逆觀其所傷便知汝二人

高緩

高和

不必隨去在吳楚安身可也即與冲別去至鵲墓所發掌（伏脉）
雷震開棺墓見其屍骸不腐知元神未散但被害時用兩
手格搏已二折其肱九折其臂當時取返魂丹研納其口（謂得妙）
汨汨降下重樓直達丹田餘丹復塗傷處片時鵲醒見是
長桑拜謝再生深恩長桑曰自此無妨矣方今秦伯稱覇（帶起秦事）
興人將集我北嶽回即同汝西去杜冲授鵲通靈變幻之
法言下領會二真望北自去鵲乃改容自稱高緩以新土
復好其墓越五日長桑始至鵲以易姓名告長桑曰適秦
汝姓原在既以高人自許更濟以謙和始可免禍我即以
高和名之於是過邯鄲聞貴婦人即爲帶下醫過洛陽聞

李醯
秦丈
史敦

周人愛老人即爲耳目痺醫入秦聞愛小兒即爲啞醫隨
俗爲變秦太醫令李醯自知伎藝不如甚嫉忌之秦自襄
公以勤王功封伯立十二年卒子文公立巳卯春東獵渭
汧之會命太史敦卜居於此占曰吉即營邑焉乙酉公夢
鄜邑之野有黃龍降止於山阪頭如車輪其尾屬天俄頃
化小兒曰我白帝母也上帝命汝主祀西方明旦召問史
敦敦曰祠之獲福乃築臺立廟主少昊之神用白牛三祭
之曰鄜畤甲午陳倉人於土中得異獸若彘而多刺形如
滿囊色間黃白短尾多足衆擊之不死謀獻秦君途遇二
童曰此曰猬伏地中虐啖死人腦得其精氣能變化汝謹

葉君陳寶

怒特

秦竫

秦寧

特之猬亦張喙言曰二童乃野雉精名葉君陳寶得雄者王得雌者霸陳倉人逐之二童化雉飛起其雌者止於山之北阪化爲石雞猬亦失去衆奔告公立祠祀之壬寅伐終南大梓爲殿材鋸之不斷有人夜宿山下聞衆鬼向樹賀樹亦應之一鬼曰如使人披髮以朱絲繞樹奈何樹神默然其人以所聞告公依法伐之隨倒有青牛從樹中出投雍水居民時見其出沒騎士候擊之牛觸騎士倒地散髮牛懼不復出公制髦頭於軍中立怒特祠以祭梓神癸亥黃河漁人獻黑魚如龍斷眼公令仍放河中命河爲德水世子卒諡竫公在位五十年卒立竫長子爲寧公寧公卒

出子
秦武
秦德
秦宣
秦成
秦穆
晉獻
史蘇

大庶長等廢世子立魯姬子出子六年又殺出子復立故世子爲武公武公卒傳弟德公初居雍城以三百牢祀鄜畤卜之吉言自後國益昌大子孫得飲馬於龍門之河德公卒長子立爲宣公四年作密畤於渭南祀青帝生子九人莫立立弟爲成公成公子七人莫立立弟任好爲穆公丁郊公求婚於晉晉獻公使太史蘇筮之得雷澤歸妹第六爻其繇曰

士刲羊亦无衁（音荒 血也）也女承筐亦无貺也西鄰責言不可償也

秦在西而有責言況震變爲離其卦爲睽睽離非吉名不

⑤郭偃
穆姬
秦弘
弄玉
内史寥

可許公更命太卜郭偃龜卜其兆上吉斷詞曰

松栢爲鄰世作甥舅三定我君利於婚媾不利寇

獻公從而許之以女伯姬嫁於秦是爲穆姬生二子名罃名弘一女名弄玉公命三帥征姜戎盡有其地又征西戎降之公大宴羣臣回宮一卧不醒世子罃大驚命召太醫適有客醫高和高緩求見召入視之閉目不言診其脉左右不齊乍數乍遲和曰是有鬼神糾纏世子欲令内史寥行禱和緩曰此名尸蹷必有異夢俟其自復經五日方醒顏問汗出如雨世子跪問曰君體安否何睡之久也公曰頃刻耳罃曰得無有異夢乎公曰何以知之罃曰有客醫言之

公召至榻前曰夢一婦人嬪妃裝束容貌端好手握天符云上帝召君寡人從之如在雲中至一宮闕丹青炳煥玉階九尺上懸珠簾婦人引拜於堦下須臾簾捲見殿上黃金爲柱壁衣錦繡精光奪目有王者冕旒華袞憑玉几上坐威儀極盛傳命饗以鈞天廣樂內侍以碧玉斝賜醴王者以一簡授左右堂上大聲曰任好聽旨汝平晉亂如是者再婦教拜謝而出問王者何婦曰昊天大帝也汝是昆吾再世帝悅汝來覲心有醉焉用錫金策而翦諸鶉首因問婦何名曰妾乃寶夫人也居太白山西麓妾夫葉君別居南陽或一二歲會妾君能爲妾立祠當佐君霸忽聞鷄

鳴如雷霆遂驚覺不知何祥也、膺天眷單厥心。

宋眞人宴客一節、折出無數文章此爲綱領、鄭不肆暴則長桑不急於南來而秦緩無師、陽厲東皐崔文諸人莫見、虢太子不得回生、層層曲折、俱由鄭莊射王引出。借客形主必不可少。

齊桓之病、不自知之、如富貴之家驕奢淫佚、俱是敗局。彼方以爲無患也。殆福過災生。病入骨髓無可救矣。雖然、貧士而恥其貧病亦猶是也。念之。

秦自文公、已受帝命、至穆公復加勅旨、其霸宜矣、然亦有前因、故生弄玉爲簫史之配。而穆公亦得歸真。

祝應 宗區 史嚚

○○○弄玉緑歸西華主 ○○○子喬道受罰辦翁

高和曰晉擯羣公子虢太臣保無亂乎天命及君君之福也公大喜封和緩為太醫次日召史嚚問寶天人何為者嚚曰臣掌內府藏簡所載文公時有獲猬見雉之事君試獵於陳倉太白之間獵人舉網果得一雉俄化石雞公命浴以蘭湯覆以錦衾盛以玉匱建祠於陳倉山曰寶夫人改山名寶雞間一年有赤光長十餘丈飛至山頭雷聲殷然乃葉君來會之期也晉初欲伐虢民未歲有神降於莘能言語接人而形不可見虢公使祝應宗區史嚚享焉神賜之土田嚚曰虢其亡乎吾聞國將興聽於民國將亡聽

驪姬

里克

於神。未幾、晉假道於虞、遂滅虢、晉復伐驪戎、得二女、長曰驪姬、寵之、獻公欲立為夫人、使郭偃以龜卜之、偃獻兆曰

專之渝、攘公之羭、一薰一蕕、十年尚有臭。

偃曰、渝、變也、攘、奪也、羭、美也、心有專尚則變亂、而美惡倒置、薰香而蕕臭、穢氣積久、故云十年也、更命史蘇筮、得觀之二爻曰、闚觀、利女貞、公曰、從筮、偃曰、筮短龜長、不如從長、蘇曰、禮無二嫡、諸侯不再娶、所謂觀也、繼稱夫人、何以為正、不正何利之有、以易言之、亦未見吉、公曰、若卜筮有定、盡鬼謀矣、不聽、竟立之、蘇出謂大夫里克曰、亡晉者其驪戎乎、克驚問偃、偃曰、晉業方大、何亡之有、不出十年當

申生

奚齊

卓子

荀息

晉惠

赤須子

亂而已克識其言於簡丙寅驪姬譖殺世子申生公子重耳夷吾出奔襄王元年獻公薨奚齊立（驪姬生）里克刺殺奚齊荀息又立卓子（少姬生）克復殺卓子及息迎夷吾於梁秦起兵納之入爲惠公始藉秦助許酬以城至是不與復殺里克等穆公怒伐晉合戰於龍門山晉人圍公至急有野人三百餘捨命救出先是公出獵夜失馬數頭使吏求之岐山有人羣聚而食吏還報公曰馬已死矣因而戮人不可索美酒數十甕使賚往曰寡君有言食良馬肉不飲酒必傷人衆訝曰赤須子之言眞神驗也使問其故野人曰鄴人赤須子爲國君池沼小吏善易吾等欲盜馬往問之

第七節　二

懷嬴　晉懷　晉文公　介子推　石尤　魏犨

赤須曰、不惟得物、且能賞酒、至是約來救、篤晉師潰、惠公被擒、穆姬要請之、惠公得還、以世子圉質於秦、穆公妻以女嬴、懷嬴至襄王甲申年公感夢、是夏穆姬卒、子圉逃歸、穆公惡之、聞重耳在楚、迎至、復以懷嬴婚之、是秋晉惠公薨、子圉立、懷公乙酉春穆公納重耳至絳、晉臣內叛、懷公出居高梁、重耳即位、文公大賞從亡諸臣、中有介子推、曾師劉涓子學道、涓子謂當求名於世、乃仕於晉、從亡乏食、子推割股食君、及反國歸家、其妻石尤鬱結成癖、子推以藥石攻治復舊、文公賞功不及子推、乃携妻遁居綿竹山中、文公後感龍蛇之詩、命魏犨遍訪、聞在綿山、求之不得、因縱火焚

衛侯 曹伯 先軫 晉襄 孟明 伯樂

材子推以稽拙化天婦形同石尤潛往齊國從涓子遊後有見其賣卜於東海文公謂其焚死立廟祀之禁國中每過是月不得舉火預辦熟食時當清明後謂禁烟寒食齊人呼爲冷節文公出亡時曹衛侮之至是以兵逐衛侯拘曹伯命先軫大敗楚師己丑襄王狩於河陽文公率諸侯朝覲王命爲盟主癸巳冬文公薨年六十八世子驩立爲襄公秦襲鄭晉截獲其三帥襄公以母命縱還丙申春孟明以秦師伐晉晉又敗之明年孟明直入晉境破王官城西戎大懼朝秦者二十餘國穆公遂覇周王錫金鼓以旌之秦爲少良馬聞伯樂善識鹽車之驥召見之鬚髮皆白穆公曰子年長矣子姓有

可求馬者乎對曰臣之子皆下才有所與九方皋者其相法非臣之比也公聘至問其能皋曰凡相先除三羸五駑乃相其餘因畧誦相馬經曰

馬頭爲王欲得方目爲相輔欲得朋脊爲將軍欲得強腹爲城郭欲得張四下爲令欲得長

公喜使行求馬三月而反報曰已得之於沙丘後亦必失於沙丘公問何馬對曰牝而黃使人往取之牡而驪公不悦召伯樂曰敗矣子所舉求馬者色物牝牡尚未之知伯樂曰聞得其精者忘其粗得其内者忘其外若皋之所覩天機也既而馬至果天下之良復召皋已不在矣乃馬師

皇聞天師在秦故來相從穆公幼女弄玉初生時有人獻
璞令玉工剖之得碧玉女周歲宮中陳萃盤女獨取此玉
弄之故名因字曰簡璧稍長姿慧絕世善吹笙不由樂師
自成音調公鍾愛之令巧匠鏤玉為笙築重樓使居其中
名鳳樓前有高臺名鳳臺年十五公欲求佳壻玉自誓
曰必得善笙人能與我唱和方可一夕月明如鏡天淨雲
［韻事］［良宵美景］
空弄玉焚香取碧玉笙臨窗吹之響入雲際微風拂拂忽
若有和之者停吹而聽其聲亦止餘音猶嫋嫋不斷弄玉
悃然若失既就寢見西南天門洞開五色霞光照耀一美
丈夫雲冠鶴氅乘彩鳳自天而下曰我太華山主也上帝

命與爾結姻當於中秋日相見於腰間解下赤玉簫倚欄
中岳所贈
而吹聲音清越洋洋盈耳弄玉問此何曲曰華山吟第一弄也乘鳳而起展翼幾撲弄玉之首驚醒言於父公使孟明於太華訪之野夫指曰明星峰有一人自癸未歲七月十五至此結廬每晚必吹簫一曲聞者忘臥孟明上巖果見一人玉貌丹唇揖問姓名云是簫史孟明具言奉命相訪邀與共載而歸引謁於鳳臺之上公見其儀容瀟灑有離羣絕俗之韻甚悅賜坐問曰聞子善簫亦善笙乎對曰臣止能簫公以非女之匹欲令引退弄玉遣侍者傳語曰簫與笙類也客既善簫何不一試其長奈令懷技而去乎

公命奏之史出簫一枝玉色温潤光彩照人初品一曲清風習習二曲彩雲四合至三曲白鶴翔舞空中孔雀集棲林際百鳥和鳴經時方散公大悅弄玉於簾內窺見其異曰此眞我夫也公問笙簫何爲而作對曰笙者生也義取發生律應太簇女媧氏所作簫者肅也義取肅清律應仲呂公曰何以能致珍禽對曰昔伏羲氏編竹爲簫大者編管二十三長尺有四寸小者編管十六長尺有二寸總謂之簫管其形參差以象鳳翼其聲和美以象鳳鳴其無底者曰洞簫一管豎吹鳳乃百禽之長聞鳳鳴故皆翔集舜作簫韶鳳且可致況他鳥乎公曰寡人有愛女頗知音律

蹇叔

戲樂哉

不欲歸之旨壻願室吾子簫史曰山僻野人何敢當貴王乎公曰吾女已有夢徵今逢八月十五此夫緣也即命孟明爲媒蹇叔爲儐令宮女引入沐浴更衣送至西殿成親次早拜爲中大夫日居鳳樓不食烟火時或飲酒數杯弄玉學其導氣之法漸能絶粒史教弄玉吹簫爲來鳳之曲約居半載一夕夫婦於月下吹簫忽有紫鳳集於臺左赤龍蟠於臺右史曰吾本上界仙人與子有夙緣故以簫聲作合今龍鳳來迎可以去矣弄玉欲辭其父史曰後有期會也史先乘龍招弄玉跨鳳翔空逕由洞府宮人報知穆公歎曰神仙之事信有之也此時有龍鳳來迎寡人視棄

穆公何意有此造化

秦康　頃王　匡王　定王　楚莊　王孫滿　楚共　簡王　秦共　秦桓

山河如敝屣耳命立祠於明星巖歲時祀之曰蕭女祠又曰玉女祠前有五石臼曰玉女洗頭盆中有水碧色澄徹雨不加溢旱不加耗祠內有五石馬一匹穆公自是厭談兵革超然有出世之想庚子二月望日公於鳳臺觀月驀然睡去見弄玉控鳳迎遊廣寒之宮清冷徹骨醒來遂得寒疾不服藥餌靜俟數日忽曰吾女來迎矣遂薨子罃嗣康公越一歲周襄王崩子頃王壬臣立六年崩子匡王班立亦六年崩弟瑜立是爲定王時楚莊旅始霸北伐陸渾之戎秦晉初誘六渾戎於伊川居二國之界伐兵次於洛定王使王孫滿勞之楚莊問九鼎之大小輕重滿以大義折之楚莊慚而退庚午冬楚莊卒子審立楚共乙亥秋定王崩子簡王夷立秦康

晉靈 趙穿 趙盾 晉成 晉景 杜回 魏顆 魏錡 屠岸賈 桑門大巫

公已甍子共公稻立四年甍子桓公榮立丁丑春有晉使至秦延醫晉自襄公甍子夷臯立靈公趙穿弒之趙盾襄子立黑臀爲成公文公子成公甍子孺立景公立三年滅潞國秦將杜回來救晉魏顆魏錡獲斬之顆從父讎之治命嫁父妾而不以殉妾父陰魂感其德結草以絆杜回故二魏成功明年敗齊於鞍景公遂生驕慢寵任屠岸賈族滅上卿趙盾之家踰三年遷都新絳大宴日晡見厲鬼搏膺而踊公得疾召桑門大巫問之巫曰先世有功之臣其子孫被禍至慘者賈曰巫爲趙氏客借端訟冤公問大限如何巫曰恐不能嘗新麥公聞秦有良醫和緩遣使禱求時高和已遊東南秦命高緩往晉景公病中見二豎子從

鼻中躍出一曰緩乃當世神醫至必用藥傷我一曰躲於肓之上膏之下彼其奈我何須臾公腸大痛緩至引入診視曰病入膏肓不能以灸攻針達藥力所不及殆天命也公歎曰眞良醫也厚禮遣之甸人獻新麥公命饔人屑爲粥貫曰巫言不驗矣公召問曰新麥猶不能嘗乎巫曰尚未可知公命牽出斬之方食粥腹忽痛如厠墮厠而死高緩易服閒步適大巫出斬隨衆聚觀竊問何故老人曰此巫秘有術數能言禍福史蘇嘗誡之曰口舌極能殺身不可不愼果遭此難緩問蘇何在曰靈公時與郭偃同入恒山矣緩謝別出城仰視門下懸一頭察之曾與之有識指

晉厲　養由基　續長

問傍人云是秦之諜者來探消息有司獲而殺之緩因起懸心黑夜用續頭法覔其屍塗藥膠頸更以丹藥灌下其人遂甦起謝再造之恩緩賫其速還自投恒山尋史郭遇二人於山洞一見如故交丙戌春晉厲公（景公子）伐鄭楚共來救戰於鄢陵魏錡射中楚共右目共呼神箭養由基賜以二矢基以一矢殺錡楚人稱基曰養一箭能去百步穿楊葉每射觀者數千人一夫立其旁曰善可教矣基怒釋弓搖劍曰客安能教我乎客曰非能教子支左詘右也夫百發百中不以善息少焉氣衰力倦弓撥矢鉤一發不中百發盡息基拜問姓氏客曰予前神續長也受玉晨吹箭

胥童 欒書 晉悼 趙武 韓厥 智罃 靈王 王子晉 齊女

之法十能入山事我當教之然不可復出基曰人之學技博以成名潛隱不如毋學客歎曰子好顯能終以技亡遂如矢飛去後基伐吳伏弩射死丁亥春晉胥童等作亂欒書誅之并弒厲公迎襄公庶長孫周為悼公誅夷屠岸賈召趙武加冠於朝堂盾孫朔子用韓厥智罃等復興霸業簡王在位十四年崩太子泄心立是為靈王生而有髭周人謂之髭王有五男二女長子名晉字子喬齊女所生賦性神靈以秦女吹笙得仙亦好吹之於簡王時年十七偶遊伊洛之間至尸鄉北山登翠微深處見一道士坐列酒果仰天拍歌詞意高古晉取瑤笙倚而和之其歌曰

虎伏龍亦藏龍藏先伏虎但畢河車功不用隄防固諸
子學飛仙狂迷不得住左右得君臣四物相念護乾坤
法象成自有眞人顧
道士顧謂晉曰予能和我必知意味晉曰不知也道士曰
斯爲原道歌便與論龍虎河車乾坤君臣之義日漸啣山
以杯盤與從人食之令宿於谷獨携晉下山近茅舍見羣
鷄數千道士指曰此吾恒業也年來賣鷄子可得千萬錢
除日用外悉置於市給散貧民子喬視遠遠幾家鄰舍風
景蕭然草堂僅可容膝問居處頗窄羣鷄蓄於何所道士
曰晝散野外暮棲樹頭頸懸芽牌記之呼其名則別種而

土人皆稱我朋鷄翁。在采石養鷄時。（虞前）曾導軒轅南見廣成。康王時。養鷄於莒之浮來山。今名浮丘。授涓子以道。鷄性通靈。隨我動止。晉曰。黃帝迄今二千餘載。先生殆非常品。可擬。敢求道號。道士曰。實古仙浮丘公也。過此山遇仇生夫婦。留我甃比尸鄉。朝夕講道。居此已百餘年。晉欲一見仇生。浮丘曰。是人雖非上眞。然汝欲見之。尚有仙凡之隔。晉聞言。頓忘富貴。屈膝懇求出世之道。浮丘扶曰。王儲能屈己以問。可語以眞道。遂教以丹鼎變化。天明。巖谷從人拱立門外伺候。晉有難色。啟扉詔曰。汝等夜藏山洞。日服乾糧。回時扈從。如是逗留七日。輜糧將盡。從人復來催促。晉方

劍得靈烝可成人形奇哉

煉大丹浮丘觧壁間古劍呵氣呪之立變晉形行止無二藏眞者於門障送劍化者升車而去父子尚不識傍人何由知

之推遁跡即坐忘眞人之不伐善不施勞也自魏犨焚山而以死聞遂令之推憤世之議石夫人冐妬婦之名沉冤莫白讀此而介君夫婦可以無憾

秦樓跨鳳千古美談而簫史根源知者絕少即有知其爲史籀者而其爲朱襄氏爲馮長爲西嶽眞人則未之知也若二豎之避者高緩又豈知其爲盧醫爲秦越人

世傳王子去求仙丹成入九天山中方七日世上十餘年即此

瑶

方是仙體

○○禱尼丘素王應還○○治桐栢王子成眞歸至京靈王在位八年問久遊何事王子伏地不語王命扶起見其直視脉逸已無氣息王大驚呼從人問之答以其故王曰一去十餘載何得誑言欲治其罪齊聲曰道人號瑶丘現居尸鄉拘問便知王哀慟斂葬使人同從者往擒瑶丘晉已九九丹成服之躍躍欲舞同上山謁仇生至山半汗喘交作勉力而上仇生夫婦欵待盡禮越宿而返浮丘曰子體尚未脫盡肌肉但能輕健自如歷鍊多年使形有而似無無而原有與天地同呼吸可乘雲氣往來今欲遊行名山須得仙禽乘坐方能與我偕行我且先縱羣

雞任其自去甕中傾出米穀拌以紅黃藥末散播於地羣雞攢食各揚翅飛去世有錦雞竹雞野雞茭雞浮丘曰子善吹笙吾和以五絃琴珍禽必集是夜鼓吹月下絃吟似鳳噦高岡簧翕如鸞鳴古澗少頃百鳥來集於側浮丘令晉選之晉曰鸞鳳之文彩何似白鶴之高潔浮丘曰素審其性情形狀曾著相鶴經以記其概曰

鶴陽鳥也而遊於陰因金氣乘火精以自養金數九火數七故鶴七年一小變十六年一大變百六十年變止千六百年形定體尚潔故其色白聲聞天故其頭赤食於水故其喙長棲於陸故其足高翔於雲故毛豐而肉

踈大喉以吐故，修頸以納新，故壽不可量。行必依洲渚，止不集林木，蓋羽族之宗長，仙家之騏驥也。鶴之上相，隆鼻短口則少眠，高脚踈節則多力，露眼赤睛則遠視，鳳翼雀毛則善飛，龜背鼈腹則能産，輕前重後則善舞，洪髀纖趾則能行。

即於鶴班中，呼出二隻，對之囑誦。二鶴昂首以聽。浮丘謂晉曰：子好律呂之學，嵩山君相精明音樂，當往訪之。但汝父必令人來尋，驚擾鄉民，奈何？晉曰：可寄語土人。即步入村中，謂曰：有人來問，汝等可代我云，好謝天子，勿尋。瑤丘吾從遊嵩山甚樂，不必懷念也。土人云：言之不信，將何爲

（過接妙甚）

據晉向懷中取出玉笙，於斗口灑出珠璣細唾，如金石之堅，形同黍米，香比蕙蘭，裂帛裹好，遞與收取，曰，願延聖壽，一歲服一丹，土人請問姓名，曰，當今霸主齊名，言畢疾去，傍晚有吏至材，尋問瑶丘土人，細述其語，以唾珠呈上，吏回覆命，王悟曰，晉爲盟主，果我子晉也，欲使人發塚視之，不忍而止，王視唾珠，數有十九粒，每歲依法服食，果覺精神堅固（子喬塚，世亂有盜發之，惟一劍懸壙，欲取之，作龍虎聲，懼不敢取，俄而飛入空中，神仙經有云，眞人去世，多以劍代，五百年後，劍亦靈化，此其驗也），晉傳語回茅舍，器皿全無，惟二鶴梳翎，浮丘東縛袍帶，問其故，曰，我將有形之物，都付虛無，與晉各控一鶴，東飛片時，見高嶺特拔，浮丘指曰，此中嶽

也下鶴步至闕前悄然無聲松林有二人對坐外有數從
者散立聽山頂鶴唳入林報知二人起迎浮丘曰眞君在
宮脩靜耶答曰爲五嶽僉議政事約往空同請法旨矣故
令宋倫權攝此位即道友太陽子敢問二眞道號浮丘語
以姓氏述相訪之故倫殷勤邀入少室浮丘問五嶽所議
何事倫曰五百年有王者興周襄王癸巳歲正當肅豫十
四刼已過七十餘年無應運者出故往老君處擬一降世
之人浮丘曰空同一大都會可往觀瞻遂同晋告別上嶺
跨鶴展翅摶風頃過幾重巒障早至空同方欲下鶴有二
童曰仙翁想欲會吾道君昨晚衆仙眞來問應運王者請

往赤城宮去也浮丘笑曰如此難遇復飛起摩空至赤城
下院見許多從衛駕鶴乘輿或虬龍或鸞鳳或牛馬俱停
於山下乃下鶴入宮羣眞濟濟一堂浮丘行禮引晉參謁
謂衆曰議論政事亦可與聞乎南嶽眞君曰何必遠尋究
丘已應劫出治今次定是仙翁浮丘曰我懶實眞不耐復
此問不可少
染塵囂觀周數未終焉得遽生王者老君曰周德甚盛祚
自綿遠氣雖漸弱天命猶存所議應運者乃萬世文教之
宗主非有天下之君主也東嶽眞君舉大庭赤松之道德
北嶽眞君舉長桑之才畧西嶽眞君曾舉祝融與吾子之
仁義諸人皆以才德淺薄為辭今吾子亦為是言吾思廣

丁公申
湣公共
煬公熙
弗父何
厲公方祀

野水精道君淵慱不可窺測庶亦當此故約赤精木公金母三老往須彌質諸黃老然後入北海敦請浮丘曰此老南來何國方能化育老君曰遍觀列國五霸桓文為盛而齊桓卒用三孽以亂國其愚極矣晉文多以陰謀取勝其譎甚矣秦穆所憾以賢臣從葬不足取也至於楚莊滅小國以自豈何足道哉宋襄才畧不如桓文強暴不如秦楚其興師不擒二毛以姑息為仁義實為可憫先為殷湯後周封微子於宋仲衍之子稽嗣之稽生丁公申申生湣公共及煬公熙熙生弗父何何讓國於弟厲公方祀何生宋父周周生世父勝勝生正考父世為宋卿佐戴武宣三公

宋父周
世父勝
正考父
宋戴
宋武
宋宣
孔父嘉
木金父
睪夷
防叔

衛夫人

考父生孔父嘉爲國之五世親已別爲公族大夫遂以孔爲氏嘉生木金父金父生睪夷睪夷生防叔世有懿德防叔避華氏禍出奔於魯會爲禮樂之邦水精托生將在魯之孔氏矣先命蒼龍神女守其户五嶽之君迎其眞四元之老衛其神以俟誕生之期也老君言畢同赤精駕車御風而去四嶽邀南嶽早去東魯迎眞浮丘告辭注生眞君問輩來新客爲誰浮丘曰即今靈王之子晉也眞君意欲（周到）欵留以政事迫促傳命夫人設宴内堂欵待佳客遂登車別去衛夫人甚賢而能肴核豐麗斟奉擾蘇緑酒浮丘稱勞君夫人賜飲即謝退出玩南嶽山景有二人趨拜於地

曰吾師久別可往峽山少坐浮丘扶起乃黃帝二子清與萬陽也執手問其近覡二人曰前蒙寄賜金桃又將五百餘年不意西王母僑居此山之東託姓緱氏山曰緱山聘山下貞靜好道之女配其九子中三人更託赤松道長啟知我父以長女華林次女媚蘭妻我兄弟已勉從之矣浮丘曰此良姻也汝妹女華與桐君亦繫有緣如回仙華可爲我申之尊嚴成全此事二子唯唯因請問晉姓氏浮丘曰此亦黃帝之後周王子喬也晉拜見二人答禮浮丘曰我與子喬遊過嵩山再來晤汝遂跨鶴向北飛去二子亦回浮丘逕至嵩山有官吏在山頂曰眞君已回令在此祇

是爲玉成

候遂下鶴而行眞君趨迎至宮前有五位仙眞恭立乃南嶽眞人彭宗因太陽子以盧全盧紀認爲已女浼宋倫爲媒議配與武夷兄弟故宗率二子至中嶽謝婚當時宋倫設宴欵待浮丘曰吾道侶子喬内丹未就安得有根器好道女子配之成功不難矣晉曰既離俗先生何必言此浮丘以乾坤坎離之理喻之（不脫宗道歌之旨）晉俛首沉思太陽進言曰予有同門師弟太玄女母子居於衡雉山中廣有道術實爲佳耦若請吾師玉子之命自然成就浮丘曰敢以相煩太陽終席便行彭氏父子亦即辭去翼日老君降臨謂浮丘曰知吾子在此故來一會浮丘澗水精道君之事老君曰五

鬼谷師囑
先此提明
并帶起初
平兒鄭吳
越爭雄諸
事妙妙

老必欲我同去宜送至鄭邑俟其降誕始同黃老又許茂

伏問禮訪樂案

資益其道學警省其本來再得一善樂者入周庶可維持
禮樂不使崩壞浮丘曰老師此去仍寄跡於周京否老君
曰然鬼臾區謂晉為盟主乞我泠倫作伴同去續後赤松
大庭亦投晉國觀其氣運惟玄女與岐伯所向不同言五
霸興後運在吳越欲往觀二國之行事施抑強扶弱之力
諸子各已先去余亦將興矣未幾太陽子至知是師祖老
君伏地再拜老君命起問之太陽曰太玄之母賴吾師贊
襄約吉期在乙卯歲遷至此間完姻老君曰如此吾且入
周適太容榮援奉應元命來見浮丘報允桐君姻事即在

伯夏
叔梁紇
施母
庶母
孟皮
顏父

後月成婚老君大喜召容援至前曰知汝善樂孰能伴我一遊援應聲曰既承提挈敢不隨侍老君令太容回仙華復命與援入周仍就史職援為樂官浮丘回曲阜故鄉客探水精消息留晉在山修靜先是宋之孔防叔奔居魯源村生伯夏夏生叔梁紇勇而好禮在偪陽城鬭勇手托懸門救將威震列國仕魯為鄒邑大夫娶魯之施氏多女而無子其妾生一子曰孟皮病躄紇更求婚於顏氏有三女俱未勝顏父疑紇年老問曰鄒大夫父祖雖為士然聖王之後今其人身長十尺武力絕倫雖年長性嚴不足為疑也三子孰能事之幼女徵在出應曰女子之義惟父所制

徵在
空桑與蒼野相對

將何問焉父曰即爾能矣遂以許配既歸紇廟見以夫之
年大懼不時有男利禱於尼丘之山以祈焉徵在升山草
木葉皆上起及畢而下葉皆下垂是夜徵在夢巡大澤之
陂有使者云黑帝見召往見帝囑曰汝有聖子若產必於
空桑覺而若感有娠一日異香繞室恍惚五老人降於庭
狎一獸似小牛而獨角文如龍鱗向徵在而伏口吐玉尺
來路如此明白
上有文曰水精之子繼衰周而爲素王徵在知其異以繡
紱繫其角而去以告紇紇曰此必麟也懷十一月及產期
徵在問地名有空桑者乎紇曰南山有石竇俗呼爲空桑
乃携卧具於竇中其夜有二蒼龍自天而降附守山房之

左右又有二神女擎香露於空中以沐徵在鈞天閒奏樂聲空中有人言曰天感生聖子故降之以和樂笙鏞之音良久乃止遂產一子石門中忽清泉流出自然溫暖浴畢即洞曲阜縣南二十八里俗呼女陵山時靈王巳酉戌月十五丙辰日也史記作庚戌歲十一月庚子生有異質牛脣虎掌鴛肩龜脊海口輔喉凡四十八表頂門狀如反宇中低而旁高紇曰兒首類丘秉尼山之靈也因名丘字仲尼生三歲而紇卒葬於魯東防山母不以告及母死不知其墓乃殯於五老之衢有過而疑焉因問之得於聊曼父之母始合葬於防居闕里昌平鄉年六歲與羣兒嬉戲常陳俎豆設禮容羣兒效其所爲父老奇之有紅衣道者詣其門與語立身行道

諷之曰知子有安濟心何不從我學醫且古之聖君賢輔孝子仁人靡不留心於此爲能體天地之德也孔子曰醫固仁術然小道耳濟施豈能周徧道者問其所願孔子曰法堯舜盡君臣之道由仁義爲萬世之宗是予所欲也道者歎曰吾子之道至大然天下莫能容奈何遂飄然去浮丘見其不昧本來回嵩山完晉之姻太陽巳訂乙夘二月吉日屆期玉子親送太玄至借緱山石室與晉結禱西母曾寓於此動用畢具官吏設席於太室含眞眞君邀羣仙暢飲春酒玉子席散回方山太陽夫婦歸漢陽大玄母留居緱山浮丘亦就嵩山靜養晉在石室傍復開一池爲飲

二桓良

鶴池綏欲回都一省轉恐啟父之戚前辛亥年晉曾潛遊京師北至穀城山循視瀍水入洛復出似相衝狀謂二水絡繹出納和平今穀洛分鬬其兆必凶乃借鄉人筆硯草成一簡其文甚佳見左傳欲情入上達未得其便遊於沔陽適大夫桓良使楚路遇太子驚問所從晉以簡章授之曰吾因浮丘公接上嵩山學道汝將此簡達之天子可於申月七日待我於緱氏山頭勿悞也言訖隱去良回都復命呈上簡章具告靈王怡然曰兒既仙去我何憾焉是秋遣良及老臣至緱山候之欲尋路而登周圍松栢鬱葱巖崖峻險無可攀緣以上俱拱立守候至七夕土人集望銀河初耿

周亮

姚坦

新月微明隱隱笙簧嘹響宛若鳳鳴果見太子乘鶴駐山顛可望不可即太子俯首徧舉手以謝時人復向胡盧傾丹藥一丸於山上澗源浴之其泉飛流直下赤如猩血衆掬飲頓覺瘴濕消除源燔滌去再覩山頭惟白雲如幕矣徘徊數日不能復見回奏勅立祠緱山及嵩高山下晉窺衆人散後只一人端坐不去見其體有神光知非俗士乃召與相見問其從來其人曰太原周亮字泰宜毋嘗宵寢見五色流霞覆宅經十五月於定王壬戌九月二十三日生長即師事平陽姚坦坦字元太得尹真人喜之秘眈於僻靜不事馳騖能援後進願薦同師

不凡

子喬生於王家而具出塵之姿初見浮丘便能求道纔無繫戀眞是大豪傑所以得證位天台炎帝鋤化子喬劍代一以生還一以僵返乃知浮丘宗派如此

文教宗王澤流萬禩更重於治世之主非尋常可待老君主議水精誠爲至當而育聖之地與誕聖之家無不萬妥方是上符化育胸襟木公金母亦當讓一頭地

弄玉得眞人爲偶子喬得仙女爲婚兩段奇緣一般佳話

浮丘與二偶相遇一節句引纏綿天然奇妙

非九還七返之道乎

△觀香

●○○奏請徵諸神並集　●○○訪周京二聖相逢

乃引我上仇池山，授眞言五千及八素眞經，能治鬼怪，各復形狀，山行，虎豹魍魎，皆禁之不出，但能消滅凶禍，不教我還原之道，使別尋傳授，已避入海中玄洲，亮聞太子得大神通，故來求耳，晉喜其誠，賜以九光七明芝，教以製服之法，亮授法修服，便得通靈變化，晉謂亮曰，聞天台桐柏甚佳，欲聚族而居，汝且權住下方，不日上遷石室也，亮居山下半載，晉來語以入都迎父，晉弟妹六人，惟別生妹觀香字衆受，少好道，聞良歸報長兄得仙，便請居緱氏山，覔路而上，獨居其中，勤修不怠，未幾，晉授以飛解脫網之道遂能輕身善步與兄同入洛中晉今居止陸渾侯道成來度時丙申春二月王夢太子晉控鶴來迎既覺猶聞笙音在户王曰兒來迎我我當去矣遺命立次子貴無疾而崩貴即位是爲景王先是楚共有六子未審所立乃奉璧默禱埋

景王

於太室使諸子齋戒入廟謁祖長子昭蹦璧而拜次子圍三子麋左右肘及璧四子比五子黑肱去璧甚遠幼子棄

比

疾傳母抱之當璧而拜楚共心知神意及薨仍立子昭爲

黑肱

楚康素有賢行雅好道德嗣位十六年聞周靈王仙逝遂

楚康

棄國遁廬山常憩一谷中康王谷在九江府西南爲天下第一水簾高三百五十丈計程一月而下其味不敗後遇異人半國生授道長生令尹屈建立其固

半國生

屈建
郟敖
楚靈
太卜渾
蔡洧
晉平
師曠

母弟麇是爲郟敖未幾公子圍弒麇自立爲楚靈驕淫殘賊建章華臺居細腰宮人滅陳蔡侮齊魯有伐周之意召太卜渾將守龜焯之爇龜龜裂太卜曰所占無成楚靈擲龜大呼曰天乎天乎區區天下不與我耶蔡洧曰事在人爲耳彼朽骨何知遂大會諸侯北與晉爭霸晉悼公已薨世子彪立爲平公值楚靈至鄭平公會諸侯救鄭公以楚師爲憂樂官師曠曰臣請以聲卜之乃吹律歌北風和平可聽歌南風不競且多肅殺之音曠曰楚人且將自禍公駐軍待之三日探者言大雨雪楚師死過半退去公大喜曰子野眞聖於音者矣拜爲太師與諸侯歸初隨鬼臾區

衛靈

師涓

至晉生於張氏名曠字子野匆好音樂苦其不專歎曰技之不精繇於多心心之不一繇於多視乃以艾葉薰瞎其目遂得專意兼能明察天時人事風角鳥鳴爲晉掌樂之官平公聞楚以臺號召列國亦於曲沃傍造虒音斯祈宮布告來賀衛靈公夜至濮水之上聞鼓琴聲倚枕泠泠可辨公素好樂太師涓者善製新聲爲四時之曲公每以相隨乃召涓至涓亦聰明曲猶未終公曰子試聽之頗似鬼神涓曰已識其畧更一宿臣能寫之公復留夜半其聲復作涓援琴演習盡得其妙至晉賀畢宴於虒祈臺上酒酣平公問師涓偕來否靈公召涓登臺平公亦召曠相者翼二人行禮平

公賜涓坐於曠傍涓奏曰途中適有所聞願得而鼓之公命鼓几置琴涓拂指而彈未及半曠遽按琴曰此亡國之音不可奏也公問故曠曰殷末樂師名延者爲靡靡之樂紂亡延抱琴走投濮水有好音者過聲輙自水中出所聞必在濮上公曰所好新聲涓其終之涓偹寫抑揚之致公問曠曰此曲何調曠曰清商也公曰更有勝此者乎曠曰清商聲悲不如清徵公欲聞之曠曰不可古者盛德之君乃能聽此公曰寡人酷好子其無辭曠援琴奏之玄鶴一羣自南方來集宮門數之得八雙再奏之其鶴飛鳴序立於臺下左右三奏之延頸而鳴舒翼而舞音中宮商聲達

如此方見樂之關係至鉅

晉漢二公鼓掌大悅上下莫不稱奇公取玉卮滿酙醴醲
賜曠曰音至清徵無以加矣曠曰更不如清角公并欲聞
之曠曰不敢奏也昔黃帝封泰山大合鬼神作爲清角自
後君德日薄神人隔絕若奏此聲有禍無福公曰寡人老
矣誠一聽清角雖死無恨曠固辭公立迫之曠不得已一
鼓之
奏玄雲起自西方再奏狂風驟發裂簾幙推俎豆矣雷大
祈雨甚驗
雨臺下水深數尺二公驚伏於廊室良久風息雨止從者
漸集扶携兩君下臺平公遂得心悸之疾夜夢一物黃色
大如車輪逕入寢門其狀如鼈前二足後一足所至水湧
公大驚而覺盛忡不止以夢告羣臣莫能對驛使報鄭君

（羊舌肸）（子產）（亥唐）（土棚）

至公命羊舌肸往勞、見公孫僑問以君之所夢子產曰僑聞鼈三足曰能熊帝禹郊祀其神、三代歆典不缺、今政在盟主君其未之祀乎、肸歸以告、命祀鯀如郊禮、病稍定以莒貢方鼎賜僑有人早過魏榆聞有聚議晉事者、近視惟碩石數堆、行過聲復自石出、傳至絳都公問賢人亥唐唐曰、市北有筮者王棚山後人以三錢代蓍法三才之理圈包（簡而得理）方外象天地四布篆文著人事未來吉凶瞭如指掌公召筮石語之故棚曰、石何能言、鬼神憑之耳、君崇飾宮室怨氣聚於民、則妖興、公默然、棚出、遇曠於宮門曰、神怒民怨、君不久矣然後心實興於楚楚、之禍、僕可計日也、月餘公

晉昭　楚平　鬼谷子　萇弘　單旗　劉摯

病發而薨世子夷立（昭公）明年冬楚靈爲弟棄疾所弑并殺此與黑肱自立爲楚平師曠聞之踣詣筮肆拜栩曰先生何神智若此栩笑曰吾了自盲但審音理雙眸復豁洞曉古今矣我有決明丹一顆試拭其目曠接拭之薰蒸之氣全消睜開二目倏見天地萬物視栩似曾相識栩曰出頓忘南宮風味耶曠如夢乍向栩曰晉數當衰老君在周作史汝往復命予歸隱青溪谷中（周畿內陽城下自號鬼谷子）泠倫至周拜見老子與榮援相見援以音樂著名西川貧中人萇弘嘗從之問樂援并授以道弘仕周爲樂師援見倫至即便辭歸初景王太子聖卒欲立子朝單子旗劉子摯諫之使

大覺　妙

劉卷
悼王
南宮極
晉頃
荀躒

單劉出與晉會復議立朝長弘挺身出諫王以諫非其職令斬之弘曰可置頸血於甕三年啟視不變我言誠妄有異事必變更弘被殺血瀝入池如藍汁數日內上皆青色王命藏其血於囿逾三年開視已凝為碧玉羣臣哀之不知弘已遁歸川中王知其冤命建肓泥坊於蜀王因得疾至明年二月崩遺命立朝單旗劉卷(子摯)立嫡子猛(悼王)朝使上將南宮極攻悼王旗卷奉王次於皇晉昭公已薨子頃公遣荀躒納王於王城未幾王崩旗卷立王兄丐(敬王)人呼為東王朝為西王如是六年南宮極為天雷震死荀躒以諸侯師奉王入成周朝奔楚時孔子已長身高九尺六寸

子朝　敬王　孟孫貜　臧孫紇　孟孫何忌　南宮适　亓官氏　魯昭　伯魚　師襄

皆稱爲長人勁能拓國門之關不以力聞有聖德好學不倦年十五志乎大道魯君敬慕其名十七歲大夫孟孫貜諡僖孔病誡其嗣何忌諡懿孔曰臧孫紇有言聖人有明德者雖不當世必有達林今孔丘年少好禮汝必師之蚤卒何忌與弟适居南宮字子容來學禮年十九娶宋之亓音韋官氏二十歲仕魯爲委吏二十一歲爲乘田是歲生子魯昭公以鯉魚下賜孔子榮君之貺因名鯉字伯魚樂師襄善琴孔子造學與語片時襄避席曰子聖人也吾何敢論焉孔子退謂适曰聞周之徵藏史老聃通禮樂之原明道德之歸則吾師也今將往矣适言於魯君賜之車馬侍御與适等俱至

周先使子貢往觀既見而猶未言老子曰子之師名丘相從我三年而後可教焉子貢返述其言始執贄進見老子待以賓禮孔子越席而坐越音活蒲席适等侍於側孔子再拜問以性理曰丘聞易之生人及萬物鳥獸昆蟲各有奇耦氣分不同而凡人莫知其情惟達觀者能原其本焉老子曰天一地二人三三三爲九九九八十一一主日日數十故人十月而生八九七十二耦以從奇奇主辰辰爲月月主馬故馬十二月而生七九六十三三主斗斗主狗故狗三月而生六九五十四四主時時主豕故豕四月而生五九四十五五爲音音主猿故猿五月而生四九三十六六

還歸一九
者道也故
何不言

主律律主鹿故鹿六月而生三九二十七七主星星主虎
故虎七月而生二九一十八八主風風主蟲故蟲八月而
此何蟲也
生其餘各從其類如鳥生於陰而屬於陽故皆卵生魚游
於水鳥游於雲故立冬則入海爲蛤蟄食而不飲蟬飲而
不食蜉蝣不飲不食介鱗夏食而冬蟄齕吞者八竅而卵
生齟齬者九竅而胎生四足者無羽翼戴角者無上齒無
角無前趾者膏無角無後趾者脂晝生者類父夜生者似
母是以至陰主牝至陽主牡其性理之然也孔子又問大
禮何如老子曰民之所以生禮爲大非禮則無以節事天
地之神非禮則無以辨別三綱五常是故君子以此爲尊

卷之能識
孔子是以
謂之文也

敬然後以其所能教順百姓不廢其節會孔子稽首受教更欲訪樂於萇弘老子言弘以諫死孔子驚歎曰弘曾至魯觀三代之樂審其音悉當我嘗從問樂理未得其詳今無所傳矣老子曰我有徒張姓者亦善於樂子可問之孔子請見乃問樂焉張爲析其義孔子免席而謝老子遨歷郊祀社祭之所考究明堂之法則審察宗廟朝廷之制度孔子喟然歎曰吾今知周公之聖將進觀明堂道遇劉卷謚文卷端視不已老子問其故卷曰昔萇弘自魯歸曰魯之孔仲尼有聖人之表河目而龍顙黃帝之容貌也修肱而龜背長數尺成湯之形體也言必稱先王躬履謙讓洽聞

強記博物不窮其聖人之興也今所見如此殆或是歟老子曰然孔子惶恐遜謝眷眷戀移時而去孔子及睹明堂四門之墉墻有堯舜桀紂之象及周公相成王負斧扆之圖謂老子曰此周之所以盛也入太祖后稷廟右階之前有金人三緘其口而銘其背曰古之慎言人也○金人銘見家語孔子讀其辭顧南容曰小子識之此言實而中情而信容曰然師徒留周十二日孔子知周德之衰臨行歎曰甚矣道之於今難行也老子曰夫說者流於辯○聽者亂於辭○知此二者○則道不可以志也○孔子辭別起程離周京二十里○老子亦束裝與冷倫追及握手曰吾聞富貴者送人以財仁

聖人之情，般勤如此

人送人以言，吾雖不能富貴，而竊仁人之號，請送子以言
乎。凡當今之士，聰明深察，而近於死者，好譏議人者也。博
辯弘遠，而危其身者，好發人之惡者也。所謂良賈深藏若
修身大要
虛，君子盛德，容貌若愚。去子之驕氣與多欲淫志，是皆無
益於子也。孔子再拜而謝曰，謹奉教，吾師將安歸。老子曰，
東周王氣銷盡，當運無明世者出，吾將歸山以自養。孔子
訂後會之期，老子屈指曰，直至周亡，會於須彌。孔子欲詳
問，老子微笑，與泠倫南趨。孔子反魯，諸弟子問所見老子
何如，三日不談。子貢怪而問之，孔子曰，鳥，吾知其能飛，魚，
吾知其能遊，獸，吾知其能走，至於龍，吾不知其乘風雲而

顏回
魯定
齊景
得聞此言者亦當知其樂真是欣若良多

上天也。今見老子其猶龍乎。自此孔子之道彌高遠方咸來就學。使子貢往外未歸。孔子筮之。謂弟子曰。兆之遇鼎如何。皆言無足不來。顏回曰。無足者。乘舟而來。賜至。果乘舟也。孔子始知回之最賢。昭公為季孫意如所逐。出奔於晉。意如立庶子宋。定公。孔子困。適齊。景公造見。甫就席。適周使至。言先王廟災。孔子曰。此必釐王之廟。王變文武之政作事奢靡而令弗可振。天災所宜加也。詢之。果然。公曰。善乎。聖人之智也。是秋。孔子遊於泰山。遇一人鹿裘帶索。鼓琴而歌。問之曰。先生何樂也。對曰。天生萬物人為貴。吾得為人一樂也。男尊女卑。吾得為男二樂也。人生有不見日

榮啟期　季札　披裘公　道流俗人　晏嬰　晨門

月不免繈褓者吾已行年九十三樂也貧者士之常死者
民之終居常以待終何不樂也○孔子奇其語謹問其姓氏
曰吾榮啟期也今將南遊於吳楚耳遂別去至吳採薪自
給但延陵季子出遊見路有遺金呼薪者取之薪者投鐮
瞋目拂手曰何子居之高而視之卑也吾五月披裘而薪○
豈取金者哉季子驚異乞問姓字薪者曰子皮相士也何
足語擔薪而去至後赤松子採藥穹窿相遇投機得授丹
不死孔子在齊二年時三十七歲聞韶而忘味景公問政對曰
君君臣臣父父子子他日又問對曰政在節財景公悅將
封以尼谿之○晏嬰沮之孔子遂行經石門晨門者諷焉

於是返魯、時季孫意如卒子斯嗣諡桓何忌曰欲定魯非用孔子不可經綸濟世、學識驚人、

聖人作樂以和神明原非爲耳目玩也晉衛之君、乃欲聞之卒以招譴非自作之孽乎、

師曠薰目審音、世有知者、其開聲復明、悟徹本來、世所未見、

五老覺洪崖老君從而悟道至此孔子復問道於老君

高眞單常爾互相警覺學者寧不重賴於淵源耶

新刻黃掌綸先生評訂神仙鑑首集卷之六

江夏　明陽宣史徐衜述

汝南　清眞覺姑李理贊

林屋石樓秘本

○○傳火侯冶仙鑄劍　●○○究三一漁丈談玄

季斯召孔子與語如在河海莫窺其際斯家人穿井得土缶中有一羊斯出問曰穿井得狗何也孔子曰羊也丘聞木石之怪曰夔魍魎水之怪曰龍罔象土之怪曰羵羊非雌非雄徒有其形斯問家人果然斯驚服舉爲中都宰今汶上縣時四十二歲乃制爲養生送死之節長幼異食男女別途強弱異任路不拾遺器不雕僞行之一年四方皆取法

楚昭

芊建
秦景
秦哀
孟嬴
伍奢
芊勝
伍尚
伍員

焉有陳使至中都致陳侯命言本國有隼集於庭楛矢貫之石砮尺有八寸孔子曰肅愼氏矢也先王以貢矢分封大姬試求之故府果得之楚君昭名珍亦遣使來問渡江得一物如瓜孔子曰萍實也吾嘗聞津於楚聞童謠曰楚王渡江得萍實大如斗赤如日剖而食之甜如蜜乃散而復合之兆使者歸告楚昭曰眞聖人也自楚平殺三兄自立爲太子建求婚於秦哀公許以長妹孟嬴景公妹楚平聽讒而自納以從媵與建遣鎮城父命伍奢爲輔孟嬴生子珍楚平欲殺建建與子勝奔宋使者執奢至郢逼誘其二子入朝長子尚赴命同斬於市次子員音運字子胥見手書心疑

蘧越

皇甫訥顯蹟於隋

左卦曰甲日時加於巳支傷日下。氣不相受主上下相欺知建在宋遂奔與相會宋方亂復去之鄭子產卒建謀襲鄭事洩被殺員同勝逃出想可與楚敵者惟吳東行數日將近昭關在江北和州小峴山之西兩山並峙中爲關口吳楚之交（來得湊巧）右司馬蘧越駐於此員偃息深林有老叟扶杖入見曰君非伍氏子乎員大駭叟曰吾乃扁鵲弟子東皐公老隱於此君不必諱可過敝廬相商員勝隨行至莊引入土室員以實告東皐出酒食款待至七日員曰有父兄讎以刻爲歲東皐曰足下雄偉見者易識龍洞山皇甫訥彷類君貌慷慨仗義有頃訥至代述所以且任無辭當晚治湯與員洗沐明晨員取鏡

漁丈人　夢壽　諸樊　餘祭　夷眛

照之哭曰大仇未報鬚髮著斑東皐慰之曰無傷用藥爲君改易耳與訥更易其衣勝亦村裝隨訥至關關卒見訥有驚惶之狀盤住入報員勝乘隙出關遂越執訥推問適東皐至曰吾友皇甫訥偕我出關東遊耳越謝過員疾行至鄂渚沿江有漁舟員呼渡漁父食以麥飯既渡解劍與之父笑員請問姓名父曰呼吾爲漁丈人吾呼子爲蘆中人可也蕩舟而去員至梅里吳舊都藏勝於郊乃佯狂吹簫乞食吳至夢壽始覇僭稱王遺命兄終弟及諸樊傳餘祭餘祭傳夷眛眛卒季札不受眛子僚自立先心不服諸樊子求善相者被離舉爲市吏見丐者雄偉遜坐問之乃楚亡

王僚
被離
專諸
闔閭
頎臨
歐冶
干將
梁毋

臣伍員引見光與謀其事員薦吳趨勇士專諸刺僚光卽位號闔閭尊員爲行人周敬王六年也員相地形嘗水味築城於姑胥山東北陸門八象八風水門八法八聰今姑蘇城徙都於此別築一城於鳳凰山南以偹越名南武城松江府城東築冶城於牛首山朝天宮地越大夫頎臨之子歐冶鑄劍數千號扁諸歐冶常與吳人干將同師梁毋學冶毋於西周時見市有嘯父者自稱冀州人補履數十年毋獨竒其不老每奉以飲食得授作火鍛冶之法嘯父臨上三亮山與梁毋別烈數十火而昇西邑多奉祀之於是知梁毋有道皆造求之惟歐冶干將身如奴役奉事始得其傳越之赤

允常

明此理者吾其師之

勝玉

風胡子

董之山破而出錫若耶之谷涸而出銅越王允常聘歐冶
子作劍於琉華山乃以錫雜銅爲純鈞之劍四十九日而（梁橋也）（胡然面）
不化往見梁毋毋教以必用人祭天帝將遣神女來侍爐（妙）
得金水以配柔剛神劍成矣歐冶如其言夫婦俱入爐中
立成寶劍六口吳諸樊遣使往求允常留步光屬鏤巨闕
三劍以三口獻吳一曰魚腸闔閭授專諸刺僚以爲不祥
函封不用二曰盤郢愛女勝玉卒用以送葬舞白鶴於吳
市觀者萬人皆殺以殉三曰湛盧後忽失之楚昭卧於宮
既醒見枕畔有一劍召相劍者風胡子示之風胡驚曰湛
盧之劍寫吳所寶臣聞乃五金之英太陽之精出之有神

妙道在斯
悟者得之
△莫邪

服之有威楚昭以爲天瑞闔閭使干將於天馬山鑄劍三千仿魚腸式山頂有雙石如魚以架爐足其後一夕風雨化魚飛去今江陰青山上有鑄爐更令干將居匠門別鑄利劍採五山之精鐵六合之金英候天伺地妙選時日天氣下降百神臨觀聚炭如丘使童男女三百人裝炭鼓槖三月而金鐵不化干將心疑其妻莫邪曰神物之化須人氣而後成今作劍不就得無待人乎我能效之乃沐浴斷髮剪爪立於爐旁使男女復鼓槖炭火方熾莫邪自投於爐頃刻金鐵俱液瀉出二劍先成者即名干將後成者即名莫邪陽作龜文陰作漫理干將傷妻之死匿其陰而獻其陽闔閭

伯嚭

姑布子卿

要離

慶忌

孫武

亢倉子

試劈大石應手而開（即虎丘試劍石）王重賞干將後知匿其一使人往取不得將殺之干將取劍忽自匣中躍出化爲青龍干將乘之升天俯首謂使者曰吾劍藏於南山之陰北山之陽我隨深毋去矣使者還報盜寶干將楚之伯嚭亦逃至吳謁子胥訴冤遂引爲大夫被離見嚭曰觀嚭鷹視虎步用之必爲子累胥不爲然被離隱去更名姑布子卿每與扁鵲同遊僚子慶忌逃於艾城闔閭患之胥進要離使刺殺慶忌又舉齊人孫武熟學韜鈐於亢倉子隱於羅浮山之東（在維揚泰州）闔閭具禮往聘武出山以所著十三篇次第進上試以宮女演習皆中繩里命武將兵伐徐及鍾吾

掩餘燭庸

知足不辱

㊃申包胥

㊂浣紗女

知機其神乎

執其二君、僚弟掩餘燭庸奔楚、武追至舒城、執殺之。闔閭伐楚、徵兵於越不至、怒欲伐越、武曰、歲星在越、伐之不利、闔閭敗越於檇李、武謂員曰、四十年後、越强而吳盡矣、員誌其言、闔閭以唐蔡爲鄉導、孫武直趨漢陽、五戰入郢、楚昭奔隨、員握楚平墓、鞭其屍、移師伐鄭、爲建報仇、得漁丈人解圍、乃釋鄭、武勸立勝爲楚後、闔閭不聽、楚臣申包胥如秦乞師、哀泣七日、秦師出、敗吳偏師、楚昭返國、員請立芊勝、楚人迎歸、封白公、員欲求東皐皇甫報之、不知去向、就地再拜、毀昭關、過溧陽、投金於瀨、以謝浣紗女、旋師之日、孫武固請還山、員留之、武曰、子知天道乎。夫功成不退必有後患。吾非徒自全，并欲全子。員弗聽，武飄然辭行。闔閭贈以金帛數車，武隨路散於貧者，歸山復著書八十二篇。常出遊原野，遇二人風情瀟灑，服飾古樸，問之，答云東皐公皇甫訥也。武敬禮曰：子胥嘗言高義，今將何往？東皐曰：前東遊，遇太師岐伯，又託為南陽人范蠡，字少伯，昔在秦為太醫時，有主魚小吏赤須子奉事甚謹，因傳以服食，遂同遊吳山。適推越得歲星，闔閭強暴伐之，太師欲屈身於越相助滅吳，赤須自歸酆邑。太師往見一真道人，求其兵書陣圖、陰符決勝之術，命我二人留居江淮，俟功成再與相見，故於此採藥濟人。孫武有心訪道，遂問一真根由，

○辛研

○計然

東皐曰太上云是上清之徒即齊始祖太公幾百年間往來江漢常爲漁翁不留姓名今棲於葵丘濮水之上專心研究玄微因假名辛研（一曰宰辛鈃）計然（鈃音刑）謂所計皆自然也曾在晉與諸公子遊復事老子得聞其道著通玄經一十二篇名曰文子歸本太上之言歷陳天人之道時變之宜卒萬古於一篇誠經世之樞要也子欲請見予當偕往武欣然隨至濮上尋見漁舟具求開示計然恐岸側有人竊聽乃蕩漾入濮水中流謂武曰子殺伐太重仁德有虧當遭刑戮之報武驚問曰黃帝制兵後世用之除殘去暴皆賴武功何爲獨招凶報計然曰佳兵不祥聖人不得已

而用之今闔閭興師焚人宗廟毀人社稷伐得歲之越滅
王制之徐殺兄弟人倫已絕殉萬民天理全虧子孫享國
必淺已身斷拇凶終吾子才識明達允爲道器自宜閉戶
潛修何事出山供役戕戮生靈致傷陰德猶賴退隱日早
復以金帛濟貧今生幸免轉世難全武跪曰痛改前非努
力濟度可得拔乎計然曰雖訪明師躬行仁恕終列仙階
武再拜謝教計然又言伍員雖爲父兄之讎然鞭死者屍
處生者室未有人臣報怨如此之極者不信吾子與被離
之言刎頸抉目不亦宜乎而其受恩必酬天亦報施不爽
吾曾渡之於江上所謂蘆中人能救城中人吳太宰嚭爲

列子

◎馬丹

越太宰也東皐究問計然曰至後自知復卯已之前程計然曰得正人為師友大道可成東皐問所當師友者何計然曰青溪鬼谷子可師鄭國列子可友東皐曰鬼谷慕之已久未識列子從來計然曰先是狄人馬丹為晉獻公木正公滅狄又殺恭太子申生丹遁去趙宣子時名盾丹乘卓復入晉都靈公欲用之逼不以禮有迅風發丹入迴風中去至今北方人尊祀之嘗問道於關尹子十反而十不告退數月意不已又往從之始得一盼三年復見始解顏而笑五年教以澄靜七年後心口無是非利害始引並席而坐問曰至人潛行不窒蹈火不爇行乎萬物之上而不慄請

鄭女 壺丘子林 老商氏 鄭穆 子陽

問何以至於此關尹曰是純炁之守也知其塵俗未斷但
授以延年駐世之法因娶鄭女爲妻復師壺丘子林子
林以其心散好遊謂之曰三機一宗內觀取足至遊無適
持後處先丹事之九年又往亳師老商氏受其法語曰靜
虛得居心凝形釋飽食虛遊得意知進於是復與伯高子
爲友相規以道篤志行之乃能御風而行改名禦寇隱居
鄭之圃田四十餘年人無識者著書八篇號列子後曰冲虛經
弟子歸者日衆鄭穆公時子陽爲政專任刑法或告曰禦
寇有道之士居君之國而困窮無乃咎子不好士乎子陽
遺粟數十乘列子再拜而辭其妻不悅列子曰子陽非自

貴相知心

知我也以人之言而遺我粟亦將以人之言而責我罪矣此吾所以不受也無何鄭人殺子陽其黨皆死而列子不（高）與（見）時人稱之故謂其可友皇甫問立身之道計然曰子當廣濟以資陰德方可語道然濟人非鉅富不能且教子致富之術夫生財在於孕字蕃息然蓄養雞豚供人口腹反增殺業惟牛可用力田於民有功吾子可收牯牸牧養使其生育蕃衍即可倚爲貨殖溥濟世人矣訥拜領教孫武搔首沉吟曰二公可即修證我必隔世始能竊思人稟陰陽之氣而生衰老而死魂魄隨氣之清濁升降還諸天地流散寰中惡能再有後世來生可望是以疑之計然正色

千古疑病

能知三一者方是道

皇初起

皇初平

曰是何言歟吾子惑之甚矣豈不聞天眞皇人三一之說乎凡修道者務使精炁神三者合而爲一純而不散雖歷終古不滅卽肅夫俗子形骸蛻去靈性常存但不能識認本來耳孫武頓悟復拜求不昧前因之旨計然曰此等功夫尚遠雖得道神仙（引起皇氏兄弟）猶難認切從來必得仙長指迷引歸舊路吾子旣有仙緣何患不歸正道東皋曰仙翁所言神仙轉世不悟從來亦有說乎計然曰肅豫十四刼赤松大（應前）庭二古仙相與遊戲投入晉國先後托生於皇姓之家大庭爲長曰初起赤松爲弟曰初平初平年十五家使牧羊路遇一道士引入金華石室中教其默悟前因獨坐四十

近在山東艮震之鄉也白石者王也羊若陽也亡去能識得始爲不昧

餘年始覺其兄初起行訪歷年不得後尋至衛國見市有道士善卜初起問吾弟牧羊野外失去已久願卜其存亡道士卜曰可得且言昔於金華山中見一牧羊兒自言姓黃字初平非若弟乎初起驚喜曰是矣道士即引至金華果得相見因問之初平曰賴容成天公相携至此已得警覺天公謂吾兄未悟故假卜者來引初起拜謝道士笑而不荅初起問弟羊何在曰近在山東耳初起往視無所見惟白石磊磊還謂弟曰山東無羊也初平曰羊固在兄不自見與之偕往初平對白石大叱以鞭揮之曰羊起羊起白石皆變成羊遍地跳舞初起大異曰我弟獨得仙道如

發明

此等閒可能學乎初平曰惟好者便可得之初起感其語至言於是棄家學道服松栢茯苓日久亦能坐在立亡行於日中無影面有童子之色陽體陽光罔象眞精眞炁生神

學者若無慧劍丹道不成歐冶干將明火候而盡人功劍成丹就若謂自戕於爐而身殞者未爲知道

眞土眞鉛眞汞三者合一是爲三一煉精化氣煉氣化神煉神還虛斯謂還原能知三一方可還原

孰知初平初起更有赤松大庭一番事跡愈見援引之不可少

○一神人道傳墨子　○七隱士諷諫聖人

初平方告以從來，初起深愧不如，以師長事之。其後俱還鄉里，覩族死亡畧盡，遂欲復歸原處。臨行以方術授故人

南伯逢　黃石公

之子南伯逢。初平歸淮陰黃石山，改名黃石公。初起歸曲阜大庭之堂，思奮技巧，立法傳後，務使已之明智與黃石一般而後已。復投勝路東平村，依智氏托生，以再顯於世。

伏脈

汝等觀如此神仙，尚不能自悟，必經指點而始覺，況於微末乎。譬如根荄柔脆之草木，浪性栽移，不及時培養，欲其不萎稿者鮮矣。三子再拜受教。計然移舟至岸，謂東皐曰：

照應起伏倫於數語

吾有小友涓子，得浮丘公之術，好餌术節食，養精三百年

犢子

墨翟

□宋景

著天地人三才之經四十八篇與我趣向相同欲度之出世彼於荷澤垂釣予以驅攝靈符藏赤鯉腹中授之隱於宕山能制風雨復授以伯陽九仙法便能變化今遊於睢水百年未回予如至宋可善視之東皐應諾各自辭去孫予歸羅浮終老皇甫投衛北潭水敗衛牛特改名犢子東皐改姓墨名翟為蔡史官號為史墨後入宋見染素絲者悲曰染於玄則玄染於黃則黃所以入者變則其色亦變五入而以為五色故入不可不慎也居年餘國人知其賢師者甚衆景公舉為大夫外治經典內修道術著書十篇號墨子更居年餘歎曰世事已可知矣將委流俗從赤松

汙漫　支離先生　洛誦之孫　瞻明師　聶許　需役　于謳　參寥　疑始

子遊也乃謝遣門人吏裴遊行別號汙漫或言姓朱聞廬
江有支離先生善劍術從學之殫千金之貲支離始傳教
以屠龍之技三年技成而無所用笑曰能屠龍而無龍可
屠技亦何益哉乃棄而東行泗水有異人曰洛誦之孫深
得道妙但吝於教人墨子再拜懇求洛誦曰吾昔聞大道
於瞻明師瞻明聞之聶許聶許聞之需役需役聞之于謳
于謳聞之玄冥玄冥聞之參寥參寥聞之疑始皆約而秘
密弗傳外道子先誠正心意別有上仙來教也墨子告退
結宇於黃石山下精思至道復自著書不輟清夜假寐似
有人以被覆之如此三夜墨子振神默伺有一神人自空

切要

成否父

而至乃起而問曰君豈山嶽之靈乎抑度世之仙乎願且少留誨我眞道神曰見子好道故來相視未知子欲何求墨子曰願得長生神遂授以未英丸方素書道靈教誡五行變化凡三十五卷曰子有仙緣質地聰敏得此一書便成不必更求但不可自生異念有違大道語畢欲行墨子拜問姓名神曰我成否父也於是墨子依方修合奉法施行皆得効驗復撰集五行記五卷世人指爲地仙遊鄭國往見列子已御風出遊問何時返其家人曰旬有五日而後返墨子候之歸與語萬物性理井井有條與語神通變幻亹亹不倦至問其道德微奧則惘然失對墨子去而之

崔文子

齊地都市有成石父祠異之問市人莫有知者一人賣藥
於祠旁形容古怪問之其人曰我泰山崔文子也又名野
子好服山术年三百餘恒以醫藥度人學於扁鵲既聞白
石山老人自號成石父有道德往來之教我以黃老之事
同居瀟山下修合黃老丸散復挈我至齊都賣藥時通國
大疫人民死者萬計令我呼於市言能治此症長吏告之
齊侯令速施救師授我以朱旛擁之下繫黃老散以臨民
間有染患者投散於水中飲之即愈齊侯方召見忽棄我
夫遊四嶽齊感其德故立祠於此我常往來治疾寄寓祠
中墨子聞言欲往尋之文子曰此汝到彼又將他適矣墨

懸前

公山弗狃
陽貨
少正卯
黎鉏

子乃入雲夢訪鬼谷子執禮相見鬼谷與之細談玄理墨子更問今之最明道者爲誰鬼谷曰周之徵藏史老子道德淵微爲神仙之宗長但其教化華夷行踪莫定魯之孔仲尼當世稱其聖盡徃見之墨子欣然徃魯孔子爲中都宰一歲教化大行定公問曰以子之法治魯可乎對曰雖天下可也乃以爲司空年五十實宰公山弗狃因陽貨爲亂季斯召孔子定其亂進爲大司寇攝朝政七日誅亂政大夫少正卯年五十一齊黎鉏言於景公曰魯用孔子危齊奈何公使使告魯爲好會於夾谷欲以兵刼之孔子請具司馬齊人氣沮景公歸晏嬰請返所侵之田以謝過魯築城

祢山

冉求

儀封人

顏濁鄒

於龜陰名謝城以彰孔子之功年五十二國之南境有一大鳥長喙而獨足鼓翼舞於田野人逐之飛騰北去季斯以問孔子子曰鳥名商羊居北海濱所至有淫雨齊魯接壤不可不備斯豫戒修隄葢屋三日果大雨如傾斯以仲由冉求爲家臣孔子言於定公曰大夫無百雉之城長三丈高一丈曰一雉今三家過制請損之乃墮三都孔子時年五十五相魯大治齊人益懼黎鉏請歸女樂於魯斯與魯君受之三日不聽政孔子作龜山操子路曰夫子可以行矣及郊祭膰俎不致於大夫孔子遂行由冉求棄官從之至衛之儀邑封人請見王於顏濁鄒家年五十六靈公致粟六萬居頃或有譖者公

顏刻
蘧伯玉
南子
魯哀
桓魋

信之孔子適陳過匡弟子顏刻爲御匡人以爲陽貨聚甲
圍之子路奮戟將出鬬孔子止之安坐鳴琴諸弟子作歌
相和匡人知惧謝罪而去靈公追還孔子復之衛主於大
夫蘧伯玉家公夫人南子請見孔子見之公與夫人同車
而出使孔子爲次乘孔子耻之去衛適曹是歲魯定公卒
明歲子蔣立哀公孔子去曹適宋司馬桓魋欲害之乃微服
而過遂適鄭與弟子相失獨立東郭門逢相者姑布子卿
審視良久迎謂子貢曰是爲孔丘歟得堯之目禹
之頸皐陶之喙從前視之盎盎乎似有土者從後視之高
肩弱脊循循固得之轉緩以下四寸此惟不及四聖者也

兩下機鋒相對

○項橐

造化小兒黠龐

○司城子貞

○公良孺

汙面而不惡，蔑喙而不藉，龐乎若喪家之狗，子何患焉。子貢歸以告。孔子欣然曰：形狀未也，而似喪家狗，然哉，丘何敢當乎。遂適陳，遇項橐，與論日之遠近，孔子詘其辯，謂弟子曰：吾師也。聞夫上有造化神，名黠龐，善知天地之理，此殆造化小兒也。至陳，主於司城貞子家。五十九歲，自陳適蒲，公叔氏以蒲叛，止孔子之行。弟子公良孺賢而勇，與鬭甚疾，蒲人懼，孔子出東門。適衛，望之於野，見一老人底春披裘，拾遺穗於畦，並歌並進。顧謂弟子曰：彼叟可與言者。子貢請行，逆之隴端，歎曰：先生曾不悔乎。老人行歌不留，叩之不已，乃仰應之曰：吾何悔乎。貢曰：少不勤行，長不競

林類　荷蕢　趙鞅　竇鳴犢　舜華

時老無妻子死期將至有何樂乎老曰故能壽若此樂若此貢曰壽者人之情死者人之惡子以死爲樂何也老曰死之與生一往一返死於是者安知不生於彼故吾知其不相若矣安知營營而求生非惑乎又安知今之死不愈昔之生乎子貢不喻其意還以告孔子曰吾知其可與言果然靈公郊迎以入詢知衛人林類年且百歲樂道安貧孔子擊磬於衛以寓憂世之心有荷蕢者聞而歎之蓋避亂不仕自匿姓名孔子欲往晉西至河聞趙鞅殺賢大夫竇鳴犢舜華不濟而反還息乎陬鄉作息陬操以哀之既反衛靈公問陳孔子以未學對復如陳時已六十魯季斯卒子肥爲相諡康

季孫肥

公之魚

沈諸梁

荷蓧丈人

長沮

桀溺

衛出

子欲召孔子，公之魚沮之，乃召冉求，孔子有歸歟之歎。六十一歲，如蔡。六十二歲，如葉。沈諸梁問政，對以來遠附邇。遂行，仲由從而後，遇荷蓧丈人，問之，丈人責其不事農業而從師遠遊，因止宿於家，以雞黍食之，命二子出。明日，由見孔子告之。孔子知其隱者，使還見之，及至其家，已不知所之。孔子命由御車適蔡，至黃成山（在許州葉縣），不知濟渡之處，見耦耕者，使由問津，乃楚隱士長沮、桀溺也。諷由從避世之士，耰而不輟。由以告孔子，憮然歎息。及衛境，聞靈公薨，國人立其孫輒，遂適陳蔡。楚昭使人迎聘孔子，將往，陳蔡共圍於野，絕糧三日，絃誦不輟。晚有長人入，皂衣高冠，

抱甕丈人

披甲持戟咤聲動左右由出戰不能勝孔子曰何不採其膂由採之其人力盡仆地化大鮎魚命弟子烹之子貢請至楚求援漢陰見一丈人爲圃入井抱甕以汲而灌子謂曰有械於此用力寡而見功多後重前輕挈水若抽其名爲槔丈人作色曰聞之吾師有機械者必有機事有機事者必有機心存機於胸則純白不備神生不定道之所不載也吾非不知義不爲此子貢憮然慚俯而不對有間丈人曰子非夫博學以擬聖智獨絃歌以賣名聲乎汝方將忘汝神氣墮汝形骸而何暇治天下乎子貢請問從來曰

原來是此老

接輿

在漢江常作漁父偶種蕪菁欲收十作糧不久當挈接輿

遊諸名山入峨嵋玉笥雙煉上清金丹豈終與世相涸耶
子往矣勿妨吾事子貢卑陬失色入郢見楚昭昭以兵迎
圍始解孔子見一人狂歌從車前而過憑軾聽其歌曰
鳳兮鳳兮何德之衰也來世不可待往世不可追也天
下有道聖人成焉天下無道聖人生焉方今之世僅免
刑焉福輕乎羽莫之知載禍重乎地莫之知避已乎已
乎臨人以德殆乎殆乎畫地而趨迷陽迷陽無傷吾行
吾行郤曲無傷吾足山木自寇也膏火自煎也桂可食
故伐之漆可用故割之人皆知有用之用而莫知無用
之用也

闞辛
妻索
賢作婦也

孔子下車欲告以出處之義疾趨而去楚使闞辛曰此人曾爲鄖邑門吏曰陸通字接輿好養生怡性平王時佯狂不仕時謂楚狂躬耕以食其妻名索亦明理昭王使人齎金百鎰車馬二駟聘之通其妻徃市使致王命笑而不應使者不得其辭而返妻從市歸曰子幼而爲義豈老而違之哉門外轍迹何深也通曰王不知我不肖遣使來聘我不許也其妻曰不從非忠也從之改行也不如去之乃夫負釜甑妻載紝器變名易姓遊諸名山食桂櫨實服黃菁子傳以爲仙去今忽來見而以靈鳥爲喻似知夫子者子貢亦以漢陰丈人之言告命引至所居茅舍依然無菁猶

子西　楚惠　石乞　⊙熊宜僚　陳乞　齊悼

在歎息回車至楚昭尊以師禮欲封書社之地七百里令尹子西曰其德不丅文武得據土壤賢弟子爲佐非楚之福也昭乃止孔子復返衛明年楚昭薨子章立惠楚白公勝殺子西等囚楚惠石乞曰市南有熊宜僚者善弄丸可當五百人得之可成勝令往告宜僚不許乞承之以劍弄丸如故終不可致葉公沈諸梁入援白公兵敗自殺乞埋其屍亦刎死孔子居衛二年六十六歲幷官夫人卒孔子不食而泣七日乃止伯魚期年猶哭孔子曰嘻其傷之甚也伯魚遂節哀齊自晏嬰卒大夫陳乞殺安孺子荼景公幼子迎立長子陽生悼公乞自爲相未幾卒子恒秉政田氏改姓恒酖殺悼公

陳恒

齊簡

樊遲

公華

此素王降世正旨

立其子壬簡公恒逆謀愈急伐魯樹威季孫肥使冉求爲將樊遲爲副戰於郎遂克齊師求旣歸肥曰子之軍旅學之乎性達之乎求曰孔子大聖無不賅備求也猶未之詳肥曰召之可乎對曰欲召之無小人間阻斯可矣肥使公華諸臣以幣迎孔子去魯十四年至是始返見隱谷中薌蘭獨茂歎曰蘭爲王者香乃與衆草爲伍止車援琴作猗蘭操至魯哀公待以告老大夫之禮孔子歌丘陵以寓慨乃序書自唐虞至秦穆刪古詩三千爲三百晚喜讀易韋編三絕序彖象繫辭說卦文言作孝經修春秋弟子蓋三千焉身通六藝者七十二人而德行首推顏回字淵常心齋坐

◎原憲

公上過

志簞瓢陋巷不改其樂孔子曰回家貧居卑胡不仕乎對曰回有郭外田五十畝足給饘粥郭内圃十畝足爲絲麻鼓宮商之音足以自娛習所聞於夫子足以自樂回何仕也孔子愀然曰善哉回之意也年三十二卒頭毛盡白孔子慟之嘗作思賢操謂有王佐才宋人原憲受業孔門安貧樂道孔子嘗周以粟辭世稱其高墨子初聞孔子在衛與衆弟子行至郊聞其邑號朝歌墨子回車不入館於外舍以俟出館入公上過見其貴儉兼愛尚賢明鬼非命尚同願爲弟子問何所來墨子曰予所著書十六卷凡六十一篇欲入諸藏以藉不朽聞周之徵藏史老聃者免而居家特

徃亳求見已西遊於秦故欲就正孔子過曰返魯矣墨子遂行過槀館相隨至魯拜見以十六卷質之就有道而正受多益以謙

成石父授道墨子本欲引之歸正奈何自足其智首開異端深爲大道之賊

孔子之生原不主於用世若得位行道不過如堯舜復生何能刪贊六經垂教萬世乎其所如不合斯後民之幸也

墨子旣服聖人之言而不能改行當擯之使不得仙然救宋却楚於聖祖根源猶爲有功老君所以優容也

〇嗟之不省 其僻甚矣 三禽滑釐 曰隨侯

〇〇墨班鬭智絀梟楚 〇〇 去陳教蓺滅强吳

孔子曰願聞其要墨子曰要在乎仁義子曰仁義人之性耶墨子曰然曰請問何爲仁義墨子曰中心物愷兼愛無私者仁義之情也孔子曰噫幾乎後言夫兼愛不亦迂乎無私焉乃私也吾子若欲使天下無失其牧乎亦放德而行循道而趨已至矣又何偈偈乎揭求仁義若擊鼓而求亡子焉意吾子亂人之情也墨子深服其論急於濟世寵突不黔遂去魯歸宋有禽滑釐者善辯見墨子布衣樸素乃問曰錦繡絺紵將安用之墨子曰今當凶年有欲與子隨侯之珠者隨侯救傷蛇後啣夜光珠報之有欲與子一鍾粟者子將何

向巢　公輸子　依智賢　吳女　鮑老

擇滑釐曰取樂可以救窮墨子曰誠然則惡在事乎奢也長無用好末淫非聖人之所急也滑釐詘其辯遂師事之戊午秋宋向巢帥師伐鄭己未春鄭人導楚師侵宋軍於邑楚將乃魯依智氏之子名般同號公輸子其父名賢娶吳女而生般於定公之甲午五月初七日午時是時白鶴羣集異香經月不散人咸奇之即大庭氏託生於此七歲嬉戲不學父母憂之迨十五歲憣然自改從學於子貢不數月妙理融通憤諸侯僭稱因遊說列國志在尊周而計不行歸隱於泰山南之小和山晦跡數年偶出遊遇鮑老輩促膝讌談雕鏤刻畫之事般性最巧遂注意摩學欲全

雲氏

魯班

木鳶後復見於元時

魯子比

中華文物煥然心語人曰不規而圓不矩而方此乾申自然之象也規以爲圓矩以爲方實人官兩象之能也矧吾之明雖能盡制作之神亦安必天下後世咸能如吾立明耶明不如吾則吾明窮吾之枝亦窮矣爰制規矩準繩使世之經營宮室駕造舟車與置設器物以全民用者總不不越其一成之法娶齊瑯琊雲氏之女亦神巧天授妙儺（肖此佳偶）校舉較之於班殆有佳爲内外贊襄用享大名於世犹之巧者人皆歸之班雲時齊魯旱蝗爲災雲氏聞墨子能作木鳶飛三日不集亦作數千令之自飛摩風廻翔與擊雹蝗殆盡魯公子比爲母吳孟子足痺不能行求班造小車

眞孟子

即今匠者之釁禱乎

公孫聖

墨子此節何取

乘坐班作水人爲御機關一發自能曲旋進退謂之任意車後居鄰地山中（魯山名）楚惠幣聘爲大夫潯陽江多風浪班採木蘭樹刻爲舟得以穩渡（潯陽州上名產林樹故名木蘭州）吳聞班仕於楚使人至魯賺其父賢入吳賢不願往殺於肅州城南班聞之痛恨作一大仙舉手東指吳國大旱三年吳人卜之不得其故往問公孫聖聖嘗與拔裘公遇赤松於窮窿得道見衆來問答以魯班所爲遣使賫禮謝罪班知久違天意遂斷木仙之手吳中大雨楚惠用班爲將伐宋及睢陽宋人驚恐墨子輕身往見班同聞子之能欲藉以殺宋君可乎班曰吾義固不殺君墨子曰是不殺卜而攻衆

得雲女來或可勝之然良工終不廢繩墨之也。

收拾魯班

女偶

⊙卜梁倚

也敢問何義班不答墨子請較於王前班設攻城之機變者九墨設備九距之班之攻械幾盡墨之守禦有餘班曰知所以距子矣吾不言墨曰知子所以距吾矣吾亦不言楚惠問故墨曰公輸之意不過欲殺臣宋莫能守始可攻也弟子禽滑釐等三百人已持臣守國之器在宋城以待惠曰吾聽子無攻宋矣遂解圍去是年天雨碧於郢未幾泰山帝君欲建蒼光宮召班監督其事班遂辭楚往泰岱去（去得好）宋景公深德墨子倚爲國之鎮從而受學者愈衆有女徒名偶專於拙攻不事華美有卜梁倚者心務馳外喜於誇張墨子曰女偶有道而無才梁倚有才而無道盍相和

剐墨之子　南伯子葵　鉏商　閱者亦當泪下

之庶幾兩得遂以爲配其後果皆有成相携至魯更號曰副墨之子南伯子葵見偶年雖長而色若孺子知其有得乃往就學偶教以攖寧之道孔子在魯取魯史筆削而成春秋明年庚申哀公狩於大野叔孫氏家臣鉏商獲一獸麕身牛尾角端有肉怪而殺之以問孔子孔子往觀曰麟也視其角有赤綾痕知毋昔所繫歎曰麟有王者則至今（傷哉）孰爲來哉反袂拭面涕沾袍袖曰吾道其終窮矣使弟子埋之（鉅野故城東有獲麟堆廣四十步）援琴作獲麟操曰

唐虞世兮麟鳳遊今非其時來何求麟兮麟兮吾心憂

春秋至此遂止（載二百四十二年之事）與易詩書禮樂號爲六經闡

韓崇

山隱君

真是仙境

王瑋玄甫

閒頗事遊樂建長樂宮於國中築高臺於姑蘇山西門外爲九曲塘以通山路太湖周八百里中有峯七十二惟洞庭二山稱雄西峯曰縹緲下有林屋洞其深莫測闔閭教人入洞探視無應有者楚人韓崇少好道曾師嵯岈蔡真人楚莊時爲守汝南雖仕宦獨居清簡後棄職散遊採藥於洞庭聞吳王募人探洞遂自言姓名曰山隱居願入林屋乃裹糧而進約行十七日始達明處有額曰左神幽虛洞天中有宮殿侍從見上坐如王者崇拜啟問王者曰予嵩山王瑋玄甫也此爲中嶽寶室闔閭傾陷無辜數萬不久國滅矣崇問能禳否王曰好武貪憐身且不保親至萊夷

靈威丈人

求得靈寳度人經或免此難昔太一元君造此經度世藏
於勞山又以玉簡授崇曰神禹治震澤投於包山者可持
報以為證留崇飲崇求保命之道王授流珠丹經教其用
法中有隱遁解形導化泥丸紫户之術謂崇曰子行此道
無妨居世功成自當軒擧命二官吏送出崇拜謝而退見
有金沙龍盆魚四足而戴角在路問官吏曰此實何品眞
仙曰即中華帝君金蟬子也南游荆楚為侍郎西遊天竺
為禪客今歸隱於此假姓曰王也送至洞口鼓一陣狂風
吹崇離洞丈餘落地呈簡并述所以闔閭恐視簡文皆蝌
斗莫識因號崇曰靈威丈人崇辭八太霍山闔閭聞孔子

終纍

夫差

勾踐

博識令齋簡以問子曰大禹之素書也丘聞童謠曰
吳王出遊觀震湖龍威丈人山隱居北上包山入靈墟
乃入洞庭竊禹書天地大文不可舒此文長傳百六初
若強取出喪國廬
還報大懼建馬城宮於林屋洞側招道士諷誦按罪以禹
書并孫武十三篇藏於姑蘇臺中因度人經遠在齊國不
能親求竭子孫必求之以成吾志時太子終纍名波病卒立
波子夫差爲太孫乙巳歲越允常薨子勾踐立吳欲乘喪
伐之子胥諫不聽自引伯嚭而往勾踐禦之於檇李闔閭
傷右足將指卒於軍夫差嗣位葬於破楚門外之海湧峰

非仙何能知之

文種

穿山爲穴銅棺三重玉鳧之流魚腸劍殉焉其他劍甲三千副金玉之玩充物其中既葬盡殺工人以殉後見有白虎踞其葬處因號虎丘識者以爲金氣所現夫差命員韜練兵於太湖故名練瀆訓射於虎丘西有射瀆丁未春吳從水道攻越時越中多盜大夫文種字會聞有客自吳來曰范蠡教民排户畜犬以守夜犬性犯盜至則吠以警睡種薦蠡於王用爲大夫妻以宗女勾踐欲乘吳未發先伐蠡諫曰兵者凶器戰者逆德上帝禁之且吳志憤力齊宜斂兵固守勾踐迎戰於夫椒山太湖中員韜以餘艎順下勾踐奔固城自保吳兵圍之汲道絕蠡曰山頂靈泉深洌中有嘉魚可捕

以報吳稍奪其氣句踐命取魚獻之吳驚以為神夜退數里句踐曰以不聽子故至此奈何蠡曰持滿者與天定傾（少伯本領亦見）者與人節事者以地卑辭厚禮以遺之不許而身與之市句踐諾乘間奔會稽閲中楯止五千餘人種謀請成句踐令種行成於吳飾美女金璧夜造嚭營獻之次早嚭先入道意夫差怒不允嚭曰然其君請為臣妻請為妾國得越矣乃許其成員入諫已令班師種歸報句踐與夫人徃種願守國蠡請偕行嚭引見哀辭乞命命其餋馬執役三年（是六壬）絕無幾微怨恨夫差命擇吉赦令歸國蠡卜曰今日戊寅（數）以郊時聞信戊為囚日而卯復尅戊為天網四張祥反為

釁淙方切 員加惠岂

殃之象既而子胥入諫遂止其赦夫差忽有疾蠡卜曰夫差病至巳巳日當瘥壬申日必愈王入求嘗其糞言病愈之期勾踐如教行之病果漸愈召勾踐宴於文臺而許還國員泣諫不聽親餞於蛇門外勾踐至越念會稽之耻命蠡築城自警蠡規造新城包會稽山於內既成中忽湧出一山其象如龜蠡曰城應天象故降崑崙以啟霸也因名飛來山（亦曰龜山即紹興府東寶林山）山巔立靈臺以望雲物勾踐自諸暨遷而居焉以蠡為太宰蠡巡邊至北鄙前溪峴山（即湖州計山）峴遇師計然問何來曰聞子築城我踐瑯琊東武山一夕飛至以應越之霸徵但越王鳥喙狼步不可與同安樂故

西施
鄭旦
處女
陳音

來囑汝早退叮嚀而别勾踐卧薪嘗膽以圖復仇夫差欲改建姑蘇臺購材木勾踐遣木工入山採伐一夜天生二神木大二十圍長五十尋勾踐親往設祭伐之文種浮江往獻用以建臺五年而後成蠡復訪國中得二美女於苧蘿山下一曰施夷光世號西施一曰鄭旦或謂皆樵薪女聘習歌舞禮節益以侍者六人進吳夫差寵愛異常越以歲歉請貸夫差與粟萬石次年文種計（此策當死）以精粟蒸而償之夫差徧使民播植穀俱不生吳民大飢越便欲興兵種曰其忠臣尚在蠡曰時不遠矣願益習戰以待臣訪南山處女精劍術楚人陳音善弓矢今在國中王其聘之以教衆勾踐遣二使

得丹之劍亦然

神哉神哉

齎厚幣往聘使者謹致王命處女起行至山陰道有雲夢通臂白猿善接飛羽化老翁相試處女刺之肅而遁去此蓋玄女化身以一眞岐伯在越周旋故亦現跡來助勾踐遂坐請問攻擊之道處女曰內實精神外示安佚見之如靜女奪之如猛虎布形候氣與神俱往捷若騰兎追形逐影縱橫往來目不及瞬得吾道者一人當百王請試之勾踐命武士百人攢戟以刺處女連接其戟而投之勾踐敬服使教其軍士三千人陳音亦至王問弓弩何所始音對曰弩生於弓弓生於彈彈生於古之孝子不忍其親爲禽獸所食故作彈以守之聞有斷竹續竹飛土逐宍古肉字之

△弧父

△飛衛

△紀昌

△琴氏

△楚三侯（國有神人助强隣自可催）

△琴牢

歌至神農制爲弧矢神羿精於射號爲繳父後有弧父者名續長得其射經傳於飛衛衛傳於紀昌能貫蝨之心昌傳於琴氏琴乃横弓着臂（弩柄曰臂）施機設彄名之曰弩傳於楚三侯（熊渠三子）養由基得其巧能穿楊貫札臣之先人受其道弩之所向鳥獸不及飛走也勾踐亦使三千人習之音授以連弩之法三矢連續而出百日盡其巧音病死勾踐厚葬之名其山曰陳音（在山陰縣西南四里）處女教習進退熟辭歸南山贈厚禮不受蠡遠送玄女謂曰子尚有因緣在齊（伏陶朱仕齊）破吳即去可也蠡領命伍員聞越習武流涕人言夫差有伐越之意時孔子在魯門人琴牢自齊來言陳恒用國書

藺書
二子張
子石

爲將、欲伐魯、孔子曰、吾欲屈節於常以救魯、二三子誰能
爲丘出使者子路請行止之子張顓孫師子石公孫龍請往不
許子貢離席而問曰賜可以去乎子曰可矣子貢往齊知
陳恒欲謀國憚高國之黨乃說曰賜聞憂在外者攻其弱
直中權奸隱衷○
憂在內者攻其強○今若移師於吳大臣外困於強敵而相
國專制齊國今計之得乎恒大悅子貢至吳說以伐齊救
魯大彰霸功夫差以越爲慮子貢請東行入越勾踐迎見
子貢曰有報人之心而使人知者危也當親率一軍從以
伐齊勝必臨晉越可乘其間矣從之復北見晉定公使備
吳子貢乃復命夫差徵九郡兵伐齊勾踐遣將率衣水犀

之甲若三千以從員稱疾不行夫差晝夢盆炊不熟鍬插
宮墻後宮聲若鍛工前庭梧桐橫生寤言於羣臣召公孫
聖於陽山問之聖極言亡國之兆責諂阿諛不忠夫差怒
（道人當如此）
命力士擊殺聖齊國書迎戰於艾陵大敗簡公請和命齊
（完子貢救魯一案）
魯復修兄弟之好夫差由瑯琊至即墨登勞山求度人經
巖洞間得簡萬餘根之皆蠅頭細字模糊莫辨尋問韓崇
已往中原救病乃分載四車以歸初秋梧陰正茂至句曲
新宮聞羣兒相和曰
　梧宮秋吳王愁
惡令拘問兒曰緋衣童子倡歌旋復不見慈心過人欲大

膽洩天機、

班之智、爲墨所詘、此墨之所以自足也、若非泰山之召班與墨當不兩立、

闔閭欲探林屋、恰是韓崇得道之機、

范大夫既爲越而出、何始不救其敗、乃於敗後圖之、豈勾踐數應看馬嘗糞耶、

玄女自商末見後、頗覺寂寂、至此一顯、而劍仙一派開其宗矣、三千人中必有一二得其精微者

子貢一出而破齊存魯亡吳霸越、聖門言語科、推之爲首、宜矣、蘇張應避三舍、

與萇弘血同碧

○吳友

○種竹養魚致巨富　○○高山流水遇知音

夫差攜西施回句踐來朝賀欲增封之員切諫夫差怒賜以屬鏤之劍員遂伏劍死命懸其頭於胥門胥門有鐵環相傳爲懸頭者久而不磨盛其屍以鴟夷之器馬革爲盛酒榼投於江中藏其血於提卣三年啟視化爲碧土人見員屍依潮往來蕩激崩岸私取埋於吳山因稱胥山在杭州府治夫差發卒數萬築邗城揚州城使太子友守國親帥兵由邗溝北上大會諸侯於潢池句踐從海道通江以襲吳友敗死蠡屯太湖焚姑蘇臺夫差方與晉爭歃書名次聞報大驚速盟而返與越合戰大敗令嚭至越軍求成蠡曰尚未可滅乃許其成魯人獲麟之歲齊陳恒弑簡

齊平

子韋

司馬規

冠先

公立其弟驁平公孔子朝於哀公請討其罪恒亦懼討悉歸魯衛侵地結好晉宋明年熒惑守心墨子入見景公曰心爲宋地分野凶星臨此君當禳之公以爲憂召司星子韋問之韋曰君可移於相使當其禍公曰相吾之股肱韋曰可移於民公曰君者保民曰可移於歲曰歲飢民困吾誰與爲君韋曰君有至德之言三熒惑當退候之果徙三舍於是司馬規作轉宿篆如蟲蛇形宋求賢愈切墨子薦冠先於公即計然所言涓子也涓子居睢水旁釣魚自娛好種荔食其葩實百餘年人無識者以爲宋人皆後輩故自號冠先景公因三召不至親造其廬坐而不顧公跪而問道終

不一言、公怒、命武士殺之、明日報冠先踞宋城東門、鼓琴自若、公令剸之不傷、擒之皆禁不能動、如是數日始去、宋人恐其為禍、皆奉祀之、墨子見景公殺機復熾、亦隱去、與冠先入蔡、知衛難將作、命弟子公明子皐採之、皐過宋、見大夫薛瑗有子十人、六人僂跛攣躄顛癡、一子獄死、三子皆聾暗啞、因問大夫所行如何而至此、瑗實以素事告曰、見賢如讎、害人所失、皐止曰、心行如此、須至滅門矣、瑗茫然稽首曰、寧許改乎、皐曰、改往修來、轉敗為成、昔先生傳赤松誠箴、能依此行、自有驗也、開篋授之而去、初衛世子蒯聵欲殺母南子不果、出奔於戚、輒立、拒父於外、聵姊為

孔悝
崇高

大夫孔悝之母瞶陰謀於姊劫悝而逐輒子路時為悝家臣聞悝被劫將入城柴高自內出曰政不在子不必與其難子路至臺下欲焚臺武士出擊斷其纓子路曰吾聞君子死不免冠乃結纓而死孔子聞衛亂曰柴也其歸乎由也其死乎未幾衛使至曰新君敬獻奇味孔子啟視則肉醢遽命覆之曰此仲由之肉也命埋其醢顧謂弟子曰由感當精而生故尚剛好勇親涉衛難自此每雷鳴孔子中心惻怛因感而疾子貢請見孔子方負手曳杖逍遙於門歌曰

泰山其頹乎。梁木其壞乎。哲人其萎乎。

蓋當然矣

子夏

公羊高子

既歌而入當戶而坐子貢聞之憂遂趨入孔子曰賜爾來何遲也夏后氏殯於東階之上則猶在阼也殷人殯於兩楹之間則與賓主夾也周人殯於西階之上則猶賓之也而丘殷人也疇昔之夜夢坐奠於兩楹之間夫明王不興天下其孰能宗予予始將死也寢疾七日復夢空中五雲騰彩一人雲冠黃服修髯廣顙長身豐下拱手曰素王功行已完迎請歸位孔子方應曰唯忽水湧於庭而竊歎曰（此見家語）予周流列辟今已老矣流水更何徵乎夫水遇坎而止在此日也因召子夏以春秋授之曰吾書後有秦厄子當擇人口授以傳世（子夏授齊人公羊子高魯人穀梁子赤二人依經作傳）孔子遂卒年

穀梁子赤

左丘明

倚相

七十四歲（史記作七十三）時壬戌四月巳丑（今之二月十八日）哀公以璜
玉賜葬於郭之北泗水為之却流弟子皆為心喪三年惟
子貢廬於塚上手植楷木數枝取其文理端正也至六年
然後歸魯人懷孔子之德從塚而居者百有餘家因名孔
里（又名孔林）有左丘明者微眇一目楚左史倚相之後博文善
記因春秋作傳是為左傳國語公明子皐往來衛魯既久
將還復命至宋見薛瑗諸子疾皆瘥歎曰速哉天之報善
也過於影響瑗拜上千金皐曰可留陰惠於人乃辭至蔡
報子路孔子之終墨子悲憐數日復令公上過往東南觀
變是秋越復大舉伐吳拜蠡為上將軍以君子六十人搗

子王孫駱

◎元王

度人須精
貞全度故

其中軍。吳大敗。從橫山進兵。即越來溪。王孫駱肉袒乞成。蠡曰。天以吳賜越。敢違天乎。忽湖水發。城東蕩開一角。蠡曰。子胥開道也。有鱄鮮隨波而入。越兵從之入城。後名鱄鮮門。水多葑草。更名葑門。蓋蠡借湖水破城。託言掩已功跡。夫差奔陽山。曰。我昔投公孫聖於此尚有靈響否。試呼之。三呼而三應。噭然越兵追及圍之。夫差自殺。駱亦從死。越以禮葬於卑猶。餘杭山。流其三子於龍尾山。勾踐撫定吳民。北與諸君會於舒。致貢於周。時敬王已崩。在位四十四年。太子赤立。是為元王。更名仁。主命越為東方之伯。還吳。見度人經。以質蠡。蠡作顯微神目鏡。觀其字體。太而可繹。勾踐命全真道士虔誦。以度陣亡將士。蠡曰。此經度人者。非度鬼。○

爾教人錄
衆鉛

魂也乃已之、置酒文臺、嚭亦在列、句踐曰、子、吳太宰也、敢相屈乎、命斬之、樂工作破吳之曲、羣臣大悅、句踐無喜色。蠡知其疑忌、歎曰、功高不可以久處也、次日乞歸江湖、句踐泣下曰、奈何棄去、留則與子共國、去則妻子爲戮。蠡曰、死生惟王、臣不能顧、是夜乘扁舟出齊女門、涉三江而入五湖、齊門外有蠡口、句踐聞之、愀然曰、蠡可追乎、種曰、蠡機深慮遠、鬼神不測、焉可追也、種出、有投書者、啟視乃蠡所寄也、子不記吾言乎、吾師計然言、越王之相、與其始祖神禹相似、長頸鳥喙、而狼步、必能興霸、但心存陰險、忍辱妬功、可與共患難、不可與共宴樂、子今不去、禍必不免。

種未之信勾踐回越念蠡之功封其妻子於苦竹城在紹興

鑄金像肖其形敬之如生久不行滅吳之賞種念蠡言稱疾不朝勾踐來問解劍而去種視之則屬鏤也深歎少伯眞神人復笑曰百世而後必以吾配子胥遂以劍自盡葬卧龍山因號種山明年海水穿山脅冢崩有見員種逐浪而出今錢塘江潮汐畫登傳爲胥種云

勾踐聞墨子之賢居於蔡徃聘不應公上過還勸曰師未欲行道耶墨子曰越王能用吾言行吾道瞿且量腹而食度身而衣比於賓民未敢求仕否則雖以全越與吾無所用之况少伯師祖已去越適齊我當徃候遂留諸弟子於蔡獨行而去范蠡乘舸爲浮宅於

鴟夷子皮

陶朱公

知竹性向西南移種於東北隅池中聚石為九島以萕鯉

九方甄

王良

鸞徼

韓公子哀

包山潛使人入苕竹城取妻子同適齊更名鴟夷子皮言避子胥之死後用此也見齊平公仕為大夫求幾欲以為相曰大明之下不可以久處也乃飄然遠引隱於陶山濟南肥城縣號陶朱公逃誅之意種竹養魚蓄五畜以生息獲利千金若將營財以養老有致富奇書遺於世是時各國臣强晉有六卿智范中行韓趙魏惟趙鞅簡子最賢然好田獵淮人九方甄弟子王良字期識馬性精御藝至晉鸞徼薦之為鞅御登車攝轡勞逸若一鞅善之韓公子哀聞良名求學其術盡授之良於夏夜露坐仰見一大星閃鑠若飛忽流至前化老人謂良曰子乃趙祖造父為穆王御死後精氣升為五星在天傳舍

孫陽御馬退耶

河中居止，伯樂能識馬，已爲掌馬星，實稱孫陽也。子與吾道合，樂爲天帝馭官，當速赴此任。言畢，仍上歸星位。明日，良無疾而逝。河漢中有四星，曰天駟，旁一小星名王良。趙鞅酒酣，臥五月不甦，諸臣皆懼。鞅初有兩白騾，甚愛之。

胥渠處

陽城胥渠處夜叩門而謁曰：臣有脇疾，醫者教曰：得主君白騾之肝，病則止，不得則死。左右曰：甚矣，渠處之欺君，請刑之。鞅曰：焉用殺人以（能割愛）救人〇適自救也。活畜命。殺騾取肝與之，病即愈。

董安于

至是，董安于召胥問醫所在。胥往延至，問姓氏，曰扁鵲。衆請入視，出曰：血脉病也。治之何怪？秦穆公嘗七日而寤，汝主類此，不出三日病必間。間必有言也。居二日，趙鞅寤曰：夢至上帝所，甚樂，與百神

前會

國運方隆先有兆趙秦同夢本[illegible]原

太白老人

子晰

遊於鈞天廣樂九奏萬舞感心一熊來帝命賜弓矢命射之熊死又一羆來再射殺之帝甚喜賜我笥皆有副見吾兒伯魯在帝側帝屬我一翟犬曰及爾子之壯也以賜之復言晉國七世而亡〇定出哀幽烈孝靜七公嬴姓將大敗周人於范魁之西〇嬴趙姓周人衛也晉亡後趙成侯取衛都鄙七十三余思虞舜德勳將以其冑女配爾七世之孫爾其誌之武靈主為趙七世孫安于書而藏之以扁鵲之言告鞅賜鵲田四萬畝館之廣宅而奉養他日鞅出有人當道辟除不去曰吾欲謁於主君從者以聞鞅見之悟曰嘻吾夢中所見太白老人之子名晰者耶當道者曰帝命主君射熊羆者晉有大難主君首之今滅二氏其祖

趙無卹

爲能羆也帝賜二笥有副者主君之子將克二國於翟以翟犬賜者翟爲代之先君子且有代也臣謹致帝命君之後當王北方可祀我於霍山後有晉陽之難臣願助君一臂言訖不見鞅命祀霍山爲太嶽元至末年姑布子卿至晉謁鞅相諸子曰皆庸材適幼子無卹自外入翟婢生鞅知果賢後立子卿曰此眞貴人天所授也鞅笑而不言至暮命酒對之談鞅曰子遊四方見有大異流俗者乎子卿曰在都之三折肱醫者眞異人也但匆匆有欲行之色明早可速留之從姑布口中寫出扁鵲之去鞅曰此即古神醫扁鵲子已厚養於此子卿曰神仙豈爲人豢養鞅猛省待且命駕同子卿至其門守者曰師與一遲了

道長昨晚出門未回子卿曰去矣不復返鞅快快而回居數日子卿談及蔡之史墨博識通徹鞅曰君其爲我聘之子卿即爲齎聘幣至蔡已回宋國至宋尋問又遊於他處（借墨子引出）矣子卿徘徊江汝間欲覓一有道者同去偶遊宋之都門（遡先）見一漁者面多光彩因問旁人漁者爲誰有長老曰上蔡

任光

人常賣魚於市積八九十年而容轉少稱是故時任光子卿追拜之問能就聘入晉否光慨然相從悉受聘幣散諸貧者子卿先入報鞅鞅整衣出迎尊上座問其長生丹藥光哂曰吾之服食不過延年卻病耳若欲不死則未能也鞅（即比優劣）心欲仙道聞此意興索然相接遂疎未幾光與子卿退隱（愚人）

（以此答簡子妙甚否則糾纏可已）

蓋其然乎

智瑤

晉哀

俞瑞

審音至此不愧知音二字

栢梯山贈鞅以赤苓餅消子始為冠先後為任光周貞定王名介元十王子一年，鞅病篤，謂無卹曰，有難惟晉陽可恃。言畢遂卒，無卹代立子襄葬父於臨水界，塚上常有赤氣騰起，幼成樓閣之狀。服赤苓餅之故。晉侯憤四卿之專，范中行已逐去，乞兵齊魯以討之，智伯瑤合韓趙魏攻晉君，君奔於齊，立昭公之曾孫驕哀公。[illegible]齊國問罪，遣大夫俞瑞伯牙聘於楚，回至漢陽江口，暮泊山下。雨過月明，命童子焚香，取琴而彈，曲未終，瑞止琴，命從人巡視崖間。一人曰，採薪歸晚，欲待月而行，故竊聽雅操。瑞曰，隱君子也。迎入敘禮，問曰，不才撫琴，心有所念，能知否？其人曰，試請度之。瑞整絃復彈，注想於山，其人曰，美

仙品

鍾徽　成連　方子春

哉洋洋乎意在高山。瑞又注意於水。其人曰美哉湯湯乎
志在流水。瑞推琴而起曰。子審音至此。世無其匹。敢請氏
族。答曰鍾徽字期。適聞指音精妙不同凡響。必有所授。瑞曰
初學琴於成連先生。三年而成。至於精神寂寞情之專一。可為知者道
未能也。成連曰。吾之學不能移人之情。吾師方子春在東
海中。乃裹糧泛舟至蓬萊山。留瑞於山中。剌船而去。曰將妙
迎吾師。居旬日不返。其時但聞海濤窅冥。羣鳥悲鳴。歎曰浣盡塵襟
先生將移吾情也。乃援琴作水仙操。歌方畢。先生偕一老
師。拍掌而至。曰。藝成矣。當得仙道。但塵緣未盡。再來乃可
仍泛舟而還。徽曰。仙傳固自迥然。臨別。瑞握手曰。知音難

知音既去更爲誰彈
十張孟談
一原過
險危今已極所望惟神明
哀王
思王

得他日當同訪於蓬萊作世外交瑞復命後知智伯有弑晉之志遂辭歸訪徽則已死乃捧琴不復鼓智伯挾韓魏共攻趙氏無卹與謀士張孟談等走晉陽家臣原過在後途遇神人授青竹二節曰爲我致無卹遂不見原過追告無卹剖其竹中有朱書曰霍山神子晰奉上帝命三月丙戌使汝滅智氏無卹私喜三家合攻晉陽決水灌城不浸者三版襄子憂曰圍城將爲魚鱉霍山神其欺我乎孟談乃縋城私見韓魏說之反攻智氏獲智伯斬之是日恰丙戌貞定王十六年三月也王在位二十八年崩長子去疾立哀王立三月弟叔弑之而自立思王立五月少弟嵬復弑之

○考王

○趙浣

○晉幽

○田盤

嵬自立爲考王甲辰四年趙襄子卒有五子不立命立伯魯之孫浣爲世子時晉哀公薨子柳立幽公三家共分晉地僅以絳曲沃二邑爲公食邑齊田盤亦使宗族盡爲邑大夫而據之天命已改周權雄各樹國

六經既定禮樂修明道有傳人萬世之綱常已正○行滿復位歸山義農以後諸聖彙其歸諸賢宗其極眞是功同天地

伯牙學琴一節超塵絶俗閱之如服氷玉散心骨俱凉至鍾期既死碎琴不鼓深惜知音難得○吾於學道者有同慨焉○

○○明國運史僭入秦　○開聖道指皇臨凡

□周桓公
周考王封其弟揭於河南，以續周公之官。（桓公）考王在位十

①威烈王
五年崩，子午立，是為（烈王）威烈王。趙桓子浣卒，子籍立，而韓虔嗣韓，

□趙籍
魏斯嗣魏，齊田和嗣田，四家相結益深。威烈王二十三年，

□韓虔
雷擊九鼎。三晉以為周運將終，遣使求為諸侯，王不能制，

□魏斯
即賜韓趙魏為諸侯。三家廢晉靜公為庶人。（唐叔至靖凡二十九世）

□田和
魏文侯斯賢而下士，訪於李克。對曰：聞鄴人犢子少在黑

□晉靜
山採松子茯苓為餌，且數百年，時壯時老，時美時醜，未敢（此語不可少）

十李克
遽謂其賢也。文侯問其所為，克曰：犢子常過陽都酒家，有

（此非李克薦賢乃史）
一女眉秀而連耳，細而長，衆以為天人之相。會犢子牽一

家特表㣲子耳。

陽都女

黄犢來酤。女見而悅之。一日。隨犢子去。隔宿同返。取桃李皆連兜與家人食味極甘美。復隨犢子去。父糾多人追逐之。二人共牽犢而走。其行足不踐地。速如飛鳥。(女何得仙之速。)明日復賣桃李於市。酒家復逐。恒不能及。遂任之。雖冬日。桃李棗栗新鮮可愛。在市中數十年。夫婦俱他往。今有見在磻山下。皆謂其得仙道焉。文侯遣使入山。(驅之與接輿相見。)犢子知之。攜女奔秦隴路逢一人。亦與一女同行。觀其神色不凡。因邀坐石上。叩問其人。曰。子楚狂生陸通也。遊崑崙之丘。見風景清幽。將挈老妻徙於彼。犢子問其得道之由。通曰。子避世入峨嵋與妻安居自樂。高卧松間。以愛霞氣。脫犢掛松枝。有鶴御(介趣)

〇肩吾

以天子爲使而迎焉

去水濱子遂　之鶴棲於身畔戯踏之忽負子飛起因得
朝見天眞皇人既而翺翔於崑崙是丘實惟帝之下都有
神肩吾司之其神與吾同姓常顯法像人面虎身虎爪九
尾司天之九部及帝之囿見子問今之治天下者何子對
曰猶涉海鑿河而使蚊負山也肩吾然之因與吾志合故
徃就之犢子曰無處不佳何必捨中夏而去接輿拂然曰（斯言良是）
何言之鄙也且鳥高飛以避繒繳之害鼷鼠深穴乎神丘
以避薰鑿之患子方遊於渾漠之外又何論天之下乎犢（狂士志意如此）
子愧謝猛見山頭隊仗旌旗紛紜隱現問何仙官接輿曰（幕起下文絕不費手）
周威烈王在位二十四年崩上帝勅王爲天曹遣其下迎

大奇文

周亮爲秦隴眞人出入太清朝謁諸聖予會於蕊珠宮會見金母贈其號曰太素年已一百九十餘矣正在談論有官吏二員恭身而前曰眞人奉請一會接輿令妻與陽都女待於林間與犢子上山及半眞人迎候叙問犢子接輿曰即皇甫犢子也覲周眞人但握手立談不邀入洞因問匆匆將欲何往亮曰當今大國凡七齊楚魏趙韓燕秦强畧相等越雖稱王日就削弱至於宋魯鄭衛益不足道惟秦僻在西戎中國擯之不與會盟國用不費而天地瑞氣又鍾於此今早上帝有命令我往祖師金母處會集諸眞降瑞於秦以兆王迹接輿曰帝命不可淹留請君速駕子

二番相遇只因傳寫此事耳

宋姬

眉壽

安王

接踵來也與犢子告别下山亮乘雲車而去接與夫婦亦即相别犢子居秦隴年餘周眞人常延上山宴會因念故鄉風景復帶陽都女南行聞王子喬在桐栢往訪其道初

引出下文

子喬姊妹觀香入陸渾修道積三十九年尸解去惟衣履存焉其兄眉壽宋姬所生與觀香同母聞妹得仙捐棄繁華入山苦行眞修觀香降而度之至是子喬迎弟妹入桐栢園聚上帝降勑爲紫清宮内傳妃領東宮中侯眞王夫人正設家宴慶賀報犢子陽都女至邀入相款自此留居東南後至周亮爾年事畢來桐栢侯謁子喬犢子始與復遊秦隴周自威烈王崩子安王驕立是歲盜殺楚聲王子

□楚聲
□楚悼
□齊康
魏斯自爲
悖逆又敢
黨惡田和
何以胃得
賢名
□魏武
□齊桓
□秦靈
□秦獻
□齊威
天命將去
周於茲肇
金德

◎烈王

□韓哀
□韓懿

悼王立齊田和深與魏結好求轉請於周安王乙未歲始
賜和爲齊侯田太公遷齊康公貸於海上二十九世太公至康凡魏文
侯薨子擊立武侯田和篡二年卒子午立桓公秦自哀公薨六
傳至靈公作吳陽上畤祭黃帝作下畤亦祠黃帝至太子
師隰立獻公即齊桓公午嗣位之年後六年午薨子因齊立
齊威越二年安王崩子烈王喜立是歲韓哀侯被弑立世子
若山懿侯明年趙成侯立秦獻公之丁未十一年也十月豐
鎬之地雨金三日有司具奏公問羣臣莫知其義乃招致
賢士詢其休咎老子初與涓倫東歸令倫往仙華自入來
子國爲萊夷不明孝道時山東方萊爲投身於老萊家爲子性至

□趙成

老萊子

老萊妻

順孝奉二親極其甘脆年七十言不稱老常衣斑綵爲戲
或弄雛於側或詐跌作嬰兒啼以娛親意二親年皆百餘
而終喪葬盡禮隣國勉學老萊子之孝素著書十五篇言
道家之用仲尼嘗聞其論而蹙然改容萊子以勞山爲壽
地露處朞年齊亂與妻子逃耕於鄒之蒙山陽莞葭爲牆
蓬蒿爲室枝木爲牀蓍艾爲席飲水食菽墾山播種或言
於楚王王駕親至其門萊子方織畚王曰守國之政孤願
煩先生萊子曰諾其妻樵還曰子許之乎曰然妻曰妾聞
食以酒肉者可隨而鞭捶可擬以官祿者可隨而鈇鉞妾
不能爲人所制投其畚欲去萊子知其志乃同至江南而

止曰鳥獸之毛可續而衣其遺粒足食也未幾復歸毫號

老冉氏 老冉氏時陳人亢倉子姓庚桑名楚來學十年偏得眞傳

庚桑楚 退隱於昆陵之岙峰但好酒能知未來弟子甚衆以兵鈐授齊人孫武(應前)與蒙人(起下)莊子交遊志趣相合著書九篇(後名)洞靈經其畧曰

全旨 全形抱生心虛道居體合於心心合於氣氣合於神神合於無抱一勿失能止能已舍人求已翛然侗然

卜居於楚之畏壘之山三年其民咸識爲聖人相與北面事之自後精修日久道成仙去莊子名周字子休(其先楚人莊王之後)

莊周 生於宋睢陽蒙縣居澣山(今山下尚多莊氏)嘗爲蒙漆園吏所

戀花亡命

當頭一棒

學必窺其要師事老子求大道常晝寢夢爲蝴蝶拍舞於園林花草間其意甚適醒時尚覺兩臂栩栩飛動甚異之以後時有此夢一日講易之暇以夢述之老子曰子之前因也鴻蒙時一白蝴蝶吮百花之精挹日月之秀得以長生遊瑤池偷採蟠木花蕊爲王母司花青鳥啄死精靈不散托生於世故子道心堅切也周始覺乃問在世何所受問得切要用老子曰須從第一着迷處放下六根漸淨道念滋生自有受用時周年五十勘破世情方知四十九年之非老子知其有進以道德五千字眞訣傾囊授周密誦習修煉能出神變化遂棄職辭師雲遊至齊閭朱公與爲友至楚惠

楊朱
孟孫陽
心都子

王尊為師聞老子將入周觀察時事欲相從遊覽歸亳問曰成王定鼎郟鄏周公卜世三十卜年七百今逾其歷數抑謂卜有謬乎老子曰周室東遷王綱隕墜政由方伯徒擁共主虛名雖逾年世無足道矣周曰然隨行至梁有楊人楊子名朱曾受業於老子性鄙吝不以一毫利物老子惡其不情令率其弟子孟孫陽心都子諸人西遊於秦又欲南之沛過梁遇老子於中道拜問畢即欲告別而不敢啟口神馳於日顧瞻不止老子仰歎曰始以汝為可教今不可教矣朱懼隨至傳舍膝行請問其過老子曰汝睢睢盱盱誰與汝居太白若辱盛德若不足汝何自滿而汲汲

○南榮趎　○崔瞿　○士成綺　○柏矩

行道乎虎豹之文。猿猱之捷。所以致射也。朱慼然曰。人哉。久生將以學也。敬聞命矣。願從夫子遊。老子顧莊周曰。吾欲輕身入周。汝且與楊子作伴。互相資益。楊莊領命。送一程。然後南行。老子於路遇庚桑楚之弟子南榮趎。引三道者拜見。齊人崔瞿啟曰。不知天下安藏人心。老子曰。汝慎無攖人心。絕聖棄智而治。楚人士成綺問曰。昔者有刺於予。今吾心正卻矣。鴈行避影。履形請進而問修身。老子曰。汝似繫馬而止。動而待發。機察而審。知覩於泰。燕人柏矩請曰。僕將遊於天下。方至齊國。見棄人焉。老子曰。榮辱立然後覩所病。貨財聚然後覩所爭。力不足則偽。財不足則盜南榮趎曰吾忘吾身因失吾問召其所好去其所惡敢問衛生之經老子曰能抱一乎能嬰兒乎能與委蛇而同其波乎身若槁木而心同死灰乎四子欣然拜謝而去安王末年老子至周改名儋見王曰世有史官君舉必書所以慎言行昭法則也今史職久廢不可不復王曰善遂用爲太史至烈王二年獻公遍訪賢才聞周太史儋有聖智乃請命於王迎儋至秦舍於客館越三日公拜問西金之故史儋倨坐而荅曰周與秦俱黃帝之後是始合也孝王封非子號秦嬴是别之也别五百載當復合合後十七歲而王霸者出焉天帝醉心於秦而金正由此也公詳問儋

顯王

西周公 威公

惠公

成公

東周 惠公

秦孝

衛鞅

晉齊皆二十九世而滅秦以二十九君而

閉目不言公告退明旦請見已不知所往壬子冬岐山桃花放烈王七年崩弟扁立顯王甲寅春復雨金於櫟陽是冬河南惠公桓公孫威公子立長子於河南為西周又封少子班於鞏以奉王室襄父號曰東周惠公丁巳秦敗三晉於石門顯王賜以黼黻之服秦獻公薨子孝公立用衛鞅徙都咸陽廢井田開阡陌國以富強自非子始封後二十九君至孝公二年適當五百載秦師伐楚取商於之地顯王賜文武胙冊命方伯孝公會諸侯於周齊侯因齊立九年以騶忌為相田忌為司馬始稱王威王入周朝覲頌聲載道歸得寒疾甚始聞宋有良醫文摯迎至隔牕望見謂齊臣曰能令王大怒則愈趨至榻前遲診侍妾

受命
△騶忌
十田忌
齊因二忌而主
◎文摯
◎魏惠
◎孟子
◎激公宜
◎仉母
亞聖從來

不及避王已慍診畢曰不得汗者死回身疾走王大怒令執烹之摯笑曰王額間汗流病已去矣王撫胸背皆汗體覺爽然羣臣進言其故王謝罪命以金帛重酬摯曰其以大王賢名而來非為利也不受而去是歲魏侯瑩亦稱王惠戊厚禮招賢鄒人孟軻字子輿一字子車魯孟孫之後父激公宜母仉音掌氏夢神人乘雲攀龍鳳自泰山來將止於嶧高聲曰予青帝下栢栢皇也仉氏凝視忽片雲墜下而寤栢皇向隱皇人山會班薦於泰山真君聘教其五子為孔子歸亦留虞館位恐道之絕故出而正之時閭巷皆見五色雲覆其居而孟子生焉三歲喪父舍近墓嬉戲為築埋事孟母徙於市

子思　曾晳　曾子　子上　程本

乃爲賈衒事又徙學宮之旁其乃設俎豆爲揖讓進退母曰此可以居矣長而就學一日歸母方織問學何所至曰自若也母以刀斷織曰子之廢學若吾之斷斯織也夫君子學以立名問以廣智今而廢之是不免於厮役而無以離於禍患也孟子懼旦夕勤學聞仲尼之孫伋（伯魚子字子思）從曾參（字子與曾晳子）得聞其祖之道明於禮樂因從孔里受業子思悅其志命子上（子思之子名白）侍坐禮敬甚崇既退上曰孟孺子無介而見大人悅而敬之白也未諭子思曰吾昔從夫子於剡遇程子（名本）於塗傾蓋而語終日而別命子路以束帛贈焉以其道同也今孟軻稱堯舜志仁義事之猶可況

山眞行表卷六第五節　八　華藏

黔婁先生
魯共公
曾元
曾申
曾西
婁妻

加敬乎孟子學有年道既通值魏招賢乃往見惠王王問富强之術孟子對以仁義之道王迂其言遂適齊齊王以爲上卿黔婁先生居齊修身清節魯共公賜粟三千鍾欲以爲相辭不受齊王以黃金百斤聘爲卿亦不就著書四篇言道家之務號黔婁子卒以壽終以布被覆其頭則足見覆足則頭見曾西（曾子之孫曾元弟申之子）曰斜其被則斂矣婁妻泣曰妾知先生之志雖斜之有餘不如正之不足時並高之曾西敬子路而薄管仲亦尊賢賤霸之意曾皙（名點）孔子有吾與點也之歎曾參得孔子一貫之道參居武城不仕而遊縕袍無表顏色腫噲三日不舉火十年不製衣正冠

六魯哀公　(七)公儀潛　(八)魯繆公　(九)孫賓　(十)龐涓

而纓絕、捉襟而肘見、納屨而踵決、曳縱而歌。魯哀公賢之、致邑焉、參辭曰、吾聞受人者、常畏人、與人者、常驕人、縱君不我驕、我豈無畏乎。傳道於子思、後卒於魯。魯人公儀潛、穆公因子思而致命、欲以爲相、子思曰、臣不佞、不能爲君操竿下釣、以傷守節之士。潛竟終身不屈。齊人孫賓、孫武之孫少好學藝、聞周之陽城、今登封縣山名鬼谷中有隱士、遂號鬼谷子、顏如少童、學問淵博、乃負笈前往、路遇魏人龐涓、結爲兄弟、同往投師、將三年、涓聞魏招徠文武、辭師下山、仕魏爲將。先生付賓一書曰、汝祖所著也、賴有遺書佑啟後人、不失舊物、克繼祖武。

耳屬腎水也坎也眉應膽木也震也卦象爲屯上節高山爲艮流水爲坎卦象爲蒙學道者丹成溫養屯蒙二卦不可不究知此方是認得鍾俞陽都者

化萊子衣斒斕以娛父母遁江南甘耕績以老夫妻君之用意切矣可知入道者胡可不報本而守廉乎

楊墨二子俱事老子而不從其教眞爲敗類有此二子栢皇所以不得不降也奈何又偕蘇張同時於孟子也不亦難乎

孫龐同師而後遂爲讎敵人情傾險如此可畏哉交必擇友斯言堪佩

山水本無聲清風故相撓

淳于髡

○○陶朱公復還故我　●○竇子明自述根源
越火姑蘇臺此書燬而不傳武子曾以此質諸計然因求
得而註釋復語以性命之學悉能領會墨子至山見竇才
可以用世入魏薦之王命涓作書往聘先生曰子之功名
終在故土爲更名臏又授以一囊曰遇急方開臏至魏拜
爲客卿涓嫉其能譖刖其足臏啟囊乃佯狂二字臏客行
之時墨子客於田忌家禽滑釐自魏之齊具言孫子被刖
墨子曰吾友害之也言於威主令淳于髡聘魏命釐隨往
計取孫子歸生欲官之臏願隱於田忌家以待復讎趙初
取魏中山至是魏命龐涓伐趙趙請救於齊齊命田忌爲

韓昭

蘇秦

張儀

將臏為軍師臏乃揚言伐魏涓還救發伏擊之大敗臏仍不受職涓復伐韓昭侯求援於齊忌臏救之逕趨魏都涓棄韓歸臏退師減竈示弱誘之伏弩馬陵隘道涓不能脫乃自刎威王欲相臏固辭手錄十三篇以獻乞閒山一片以養殘軀主封以石閭之山（在泰安州）初有洛陽蘇秦魏人張儀亦入鬼谷問道先生曰聞道易修道難二子世心未冥可學游說以適今時之宜必得相其國矣然得相必死若不懼之當相傳儀秦請學遂同習遊說之術三年成見孫臏應聘亦欲辭歸先生曰最難得者聰明之士以汝一人之質若灰心學道可至神仙何苦軀逐於浮名虛利乎二

口秦惠文
十公孫衍
●楚威
○昭陽
○越無疆

子堅意辭行先生以太公陰符篇爲贈仍與之隻履令隨履可以速返一子下山履化爲犬引其即日到家二犬不知所之蘇秦欲遊秦聞衛鞅方用事且止孝公命鞅伐魏魏遷都大梁鞅受封商於號商君爲政嚴酷孝公薨子惠文立車裂商鞅公孫衍爲相勸稱王以號召天下令割地爲賀諸侯相觀望楚威王商新任昭陽爲將殺越王無疆并其國秦使至叱而逐之求賢欲與秦敵聞莊周之名遣使至靈墟聘之周前與楊朱南行朱欲往沛周問何事朱曰陶朱公在蘭陵賣藥尋得計然邀之同往仇池會友吾在秦遇見相與留連三日知我爲老子之徒謂我曰吾以

從漁入道者計然之徒

子明

不知何說

赤鯉度齊人涓子以白魚度銍鄉子明子若南遊可一訪渡出子明

子明或有好處故欲往朱乃之沛舜間至銍鄉其處一聞

之市土人云子明來棲吾鄉所居華門圭竇因以賣爲氏

常以垂綸爲樂曾釣於旋溪得白魚斬眼似龍懼而解鈎

拜放之龍潭名白後五年白魚復來吐書授服食之法子明遂

上黄山採五色石脂鍊而沸水服之三年數日前有雙龍

來迎子明跨之而去故立祠以祭焉楊朱大悔來遲復與

莊子北遊至齊威王聞而召見問以治道楊子曰昔伯成

子高不以一毫利物舍國而隱耕大禹不以一身自利一

體偏枯古之人損一毫利天下不與也悉天下奉一身不

三楚女
苗莊蹻
二宋女
上田氏
室家本滋累多娶竟何爲
⊙丁令威
上大夫

取也人人如此天下治矣時禽滑釐在朝出問曰去子體之一毛以濟一世汝爲之乎楊子曰世固非一毛之所濟禽子曰假使能濟肯爲之乎朱不應而出田齊族中欲招楊子爲壻朱掩耳避去田宗重莊生人品以女妻之周一娶楚女生子曰蹻楚女七子蹻寄養鄰家繼娶宋女有過被出令娶田氏居年餘遷往楚地藐姑射山蓮花洞有遂東十令威初名固自少訪道聞莊生之名遠來從遊周語以道要因念子蹻在楚復回故居壟墟閉户著書五車惠施多方遂遺世自放王公大人皆不得而器之威王使大夫以百金聘周周方釣於濮上持竿不顧曰吾聞楚有神

無顔

今之耕牛。不免刀俎。欲望犧牛一日之樂而不得。痛哉。

龜死二千歲矣巾笥而藏之於廟堂之上此龜寧無爲留
骨而貴乎寧生曳尾塗中乎大夫曰寧掉尾塗中耳周曰
吾方掉尾於塗中大夫還報楚王又以千金之幣迎之許
立爲相周笑謂使曰千金重利也卿相尊位也子獨不見
夫郊祭之犧牛乎食以芻菽衣以文繡見耕牛力作辛苦
自誇其榮及其迎入太廟刀俎在前反爲耕牛所笑雖欲
爲孤豚豈可得乎亟去無污吾耳及楚使再至周曰吾身
終不仕然王意殷勤吾有子名碕在漢東遊學王拔用之
可也東南王氣將興郢中之氣不振宜遷應之爲上使者
復命王謂東南木旺以金制之命鑄金人埋以鎮之因置

赤孫
次子辯
三子論

金陵邑召蹻爲將不一年黔中盡平因山築五城王以爲能令畧西南夷以寬肘後蹻兵行千里直抵滇池水源末狹有似倒流故名而貴陽始通中國蹻復伐夜郎至且蘭椓船於岸步戰滅之因有椓牂牁處名其地牂牁建且蘭城至後秦師擊楚道路懸絕蹻不得歸乃自王於滇唐末子孫復據其地改爲蒙氏謂祖莊子蒙人分六詔南詔最强陶朱公以貨殖經營居積富厚三致千金即散與貧交公有三子長曰赤孫善謀而吝次子辯勇而戇直使遊學於外三子論幼而懦居家習誦辯遊至楚醉後殺人繫獄從者歸報公謂殺人者死法也然千金之子不死於市乃出金治裝令少子入楚營視長子請死曰父不遣以爲不肖也毋强公

令赤孫往公致書莊生命進此書與金聽其所爲愼毋探其行事公歎曰長子往而次子死歟也赤孫不之省至楚（此其識之明）見莊生出父書并金致之莊生命之速行赤孫潛留探聽（壞事）莊生入見王言熒惑臨翼軫犯貫索王欲禳之莊曰夫貫索天之牢獄若釋其寃濫或可消弭王下令盡赦罪犯赤孫不知莊生之謀往索其金莊以金還之而恩其欺已復（量狹）入見王言有殺人陶犯出獄暘言謂賂王左右始有此赦王令獨追陶犯正罪戮於市赤孫歎埋貨金而歸公曰此汝吝財所致也赤孫悔恨無及舉子自去齊北遊遇犢子於東陽言陶朱即天師岐伯即往見之公恐其在妻孥前

楊布

淺言邀至外館表待敘論數日公曰子又生孫予久欲棄此曾憶吾師有言財者所以辦事也道成則無用財也且財曰利利能害人如此則財不可以久積也孰若吾身之多於財也吾故常散財以贍貧將尋吾師以還清淨墨子曰天師不忘師祖弟子亦念本師未知今在何處公曰犢子前見我時言扁鵲與郭偃史蘇居恒山後聞與姑布子卿入晉墨子拜別西行陶朱亦不歸家遂撤手南遊楊朱欲行其教與孔孟爭衡聞梁求賢茲切與弟布西見梁王言治天下如運之掌王笑曰子有一妻一妾而不能治三畝之園而不能藝何也楊子曰將治大者不治細成大功

毒殺

胡說

者不成小王曰此非寡人所知也楊子至鄭訪列子有云說得好為壺丘子林引稚仇池會文始也楊子在齊魏宋衛之間行教從者甚衆時孟子復去齊適梁惠王求教孟子執言仁義終不能用當是時方務攻伐而孟子辯理義之微明性善闢邪說是以所如不合先是浮丘翁又牧鷄於鳩兹黃山大江中有老蛟竊食其鷄浮丘欲俟而殺之鎮居山上莊生常就之談道將丁令威託其教誨自乃挈妻歸宋隱於曹州之南華山著書不輟洸洋自恣名其書曰南華經共三十三篇偶遊山下見荒塚纍纍一墳封土未乾異哉旁坐縞衣少婦舉扇向塚連搧怪問之婦曰塚中良人生

時相愛遺言土乾、方可他適、莊戲曰、願代一臂可乎、舉扇墳土頓乾、婦喜謝而去、莊歸言其事、田氏曰、甚矣、其不賢也、莊曰、常情耳、田知諷已、遂忿然設誓、未幾莊生忽病而逝、田氏悲傷殯殮、數日有少年云、楚王孫特來從學、聞先生已歿、至靈前下拜、欲留誦讀遺書、館於左廂、將半月、田氏潛問其蒼頭、知王孫未配、即浼其爲媒、王孫恐干物議、田氏曰、未經北面、無礙也、除服成親、王孫笑指柩曰、先生復生矣、田氏顧望回視、王孫即是親夫所化、驚慚無地、自縊而死、莊生將空棺盛之、乃箕踞鼓盆而歌、

右莊多事

大塊無心兮、生我與伊、偶然邂逅兮、一室同居、人之無

慨世之詞

良兮生死情稜真情既見兮不死何為噫嘻我非伊夫兮伊非我妻大限既終兮各自分飛

歌罷取火焚廬遨遊濮水垂釣自樂復至中條山見二人對奕巖下局竟一人推枰而起笑曰師弟此局又負矣玄衣者曰為人莫學棋心殺奪無厭也莊生問其故二人揖坐於石衣淡黃者曰予魏人尉繚此燕人文摯同投支父

尉繚

風真人學兵法本師以為內危之事未可輕授且教奕碁賭勝未知何意莊生因請見風后引至洞府風后知是老君高弟叙禮遜坐莊子求謁天母玄女風后曰家師越歸厭山中煩擾令我居守於此自往[illegible][illegible]靜鍊近有締摯二

負局先生

子欲學兵陣故先令奕碁以決勝負碁與兵俱有動靜進退之道能決勝於局中者即可語以兵機善敗不亂者知表裡陰陽可教以醫術摯敗不面赬口不飾辭吾將作書令往恒山投秦越人悉求其秘尉繚留學韜鈐為帝皇混一輿圖也當晚款待莊生明日命摯往恒山學醫摯勤習數年業愈通拜辭扁鵲南遊自號負局先生常負磨鏡局循行吳市因磨鏡時輙問主人得無有疾苦否有即出紫丸赤藥與之無不霍愈如此數十年值楚大疫先生家至戶到以藥療之愈者萬計後上吳山絕頂歲歲懸藥與人下濟疾苦復欲北遊宋地訪同門墨翟子去時詔下人

△蘇代
△蘇厲
□燕文
□趙肅

曰吾欲還恒山爲汝曹下神水於崖頭一旦有水白色從石崖間流下病者飲之多愈鄉人立祠十餘處祀之初蘇秦同見父母凡已七過二弟代厲俱長秦求見周顯王以自强策說之王不能用復回家治裝入秦見惠王說以兼幷書十上而不納留秦歲餘貲用乏絕而歸因取陰符之謀誦之得縱横術關東地縱長合六國而擯秦 關西地横廣破縱道而連衡揣摩既成先往說燕文公悅之乃往趙說令一韓魏齊楚燕趙合從擯秦肅侯厚資之使約諸侯適秦攻魏將移兵於趙蘇秦遣人託名賈舍人去訪張儀儀適爲楚相昭陽所辱聞秦相趙欲往無資遇舍人載至趙修刺求謁秦故爲傲慢激

○齊宣
○燕易
○韓宣惠
◎竇子安

之入秦舍人亦云欲往秦國復爲儀治衣裝僕從同入秦
出金帛爲儀延譽惠文王召爲客卿舍人始述蘇君之意
儀曰當季子之身不敢言伐趙肅侯封秦爲武安君約從
列國路由洛陽父母二弟妻嫂供榮之入楚威王如約六
國君臣至洹水會盟秦請六君俱稱王六王封秦爲從約
長佩六國相印是年齊威燕文韓昭俱薨齊宣燕易韓宣
惠嗣立此周顯王三十六年也初銍鄉子明爲龍迎去此
於陵陽山上春餐朝霞夏食沆瀣山頂去地千餘丈常大
呼下人至山半與語自言周簡王之後棄樂歸隱以竇爲
姓因放白龍而得道聲振山谷所言吉凶皆驗其弟子安

琴心調和心性也

來尋問光鈎車在否子明云投於溪中安往求得之終日
鈎於旋溪不獲一鱗後二十年安死葬於黃山有黃鶴來
棲冢樹鳴聲如呼子安不輟安忽自地底躍出乘鶴而去
蓋子安伏土仙成子明遣鶴來迎聞宋國冠先亦因漁入
道往尋不得遇負局先生問及負局言會見犢子曾云冠
先即涓子初名任光今往霍山大明彭眞人處訪道矣子
明遂別負局徑投南嶽尋見涓子已勅為大處眞人居潛
山為副子明留年餘盡得涓彭二眞道術乃別遊於中原
涓子著琴心三篇中有玄理子明雖受其畧未得其精因
復投鬼谷研究其理鬼谷自辭服下山亦出遊廬霍欲覓

有根行者入道先往石閭度孫臏指示前因臏乃悟遂從國遊蓬島遇方子春與其徒成連鬼谷與談琴理深相契合復轉入中國過中條進謁風后風后正為尉繚立心憐刻不欲教以兵事乃借言將與莊子遠遊轉託鬼谷教誨尉繚隨回雲夢日與孫臏周旋聽講陵陽子明來學琴十有三月盡探其奧鬼谷稱美之曰塵世之琴無有高出於君者與子明欲遊人間先生為改其號曰琴高出二簡令覓蘇張臏曰先生何緹攜於二子也鬼谷曰自古無懵懂仙人蘇張俱絕世聰明仙家所最惜者琴高往趙見蘇秦示之以簡秦恭立捧讀

二足下功名赫赫，但春蠶不能久茂，今貴朝露之浮榮，
忽松喬之永壽。夫女愛不及席，男懽不畢輪，惜哉。
㮣色沮移時，歎曰：至此〔世事皆然〕愈不能中止，只待琴高為上客，欲
薦於趙王。俊翮不俯凡鳥，貪夫焉識逸民懷。
陶朱貨殖，亦云多事。莊生友覆，可謂不仁。二事皆非神
仙所為，吾疑陶之非長桑，莊之非子休也。
計然以魚度涓子，子明其救世之心，猶是坐茅以漁之
本色。子明更號琴高，以魚救世，真能大其傳者。
蘇張洵是仙材，鬼谷所以戀戀也。至喚之不醒，其聰明
已為勢利所汩，變為聾瞶矣，惜哉。

呂楚懷

呂趙武靈

⊙紀消子

：○韓夫人殉節流芳　○○馬成子受丹超俗

琴高力辭留秦第半年是歲庚寅秦王知趙首倡從約欲伐趙張儀進曰誠以重利求成於魏復結婚於燕則約自解秦許還魏地以和魏報聘趙土召蘇秦責之秦惶恐請使於燕琴高亦去趙南遊秦知解從約不與魏地復興兵伐之張儀勸魏割地賂秦秦以儀爲相時楚威王已薨子懷王立明年趙肅王薨子雍立武靈蘇秦去燕適齊宣王以爲客卿王好鬬聞消丘有紀消子者得浮丘之僕募養鬬雞十日問可鬬乎曰未也猶虛憍而恃氣十日又問曰庶幾望之似木雞其德全矣於是令與異雞鬬無敢應者皆

◎陳仲子 反而走紀消曰以之經國理身猶似也紀與陳仲子善仲

陳戴 子之兄戴為齊卿仲子以為不義適楚居於陵身織屨妻

仲妻 辟纑以易衣食楚王聞其賢遣使持金百鎰聘為相仲子

入告其妻妻曰夫子左琴右書樂在其中結駟不過容膝

方丈不過一肉而懷楚國之憂亂世多害恐不保命也仲

子即出謝使者相與逃回消丘為人灌園時蘇秦復重於

齊知絕陳之名再訪不見已亥秦師伐魏取曲沃惠王怒

謀為合從仍推楚懷王為從約長張儀去秦仕魏惠王聞

尉繚子善理陰陽深達兵法與弟子隱於夷山聘至繚陳

兵法二十四篇其論主於分本末崇節儉右文左武雖未

雍門周　田文

至於純王亦已窺見治本張儀問其從來云是鬼谷門下儀未曾過疑其詐已慮與秦爲患勸魏勿用締留朞年不辭而去琴高亦書見儀儀讀曰

子不見河邊之木乎僕馬折其枝波浪激其根此所居峃然也子不見嵩岱之松栢乎華霍之梓榶乎葉干青雲根洞三泉千秋萬歲無斤斧之患者亦所處然也背之愼之

惶悔無已及問締於高始知果是先生高弟遍訪已不知所之高聞齊相孟嘗君田嬰之子名文嗣爲薛公招致賢士客常數千人高先使弟子雍門周徐州有雍門村是其居處往見自陳善琴孟嘗

令鼓之周乃奏清商聞者泣下孟嘗問所從學周曰學於

慎靚王

琴高遂聘高為上客周顯王崩在位四十八年子定立慎靚王是歲

燕噲

辛丑燕易王甍子噲立明年梁惠王甍子襄王赫立客卿

梁襄

孟軻適齊齊人忌蘇秦者刺死於朝七首入腹琴高往哭之曰季子不聽先生之言致如此豈非聰明之悞耶高遂遠去張儀聞秦死乘間說梁襄事秦儀仍為秦相秦惠文

司馬錯

乙巳年儀請伐韓司馬錯請伐蜀儀爭之錯曰夫蜀僻國也拔之利盡西海而有禁暴正亂之名如必攻韓將刼天子惡名也神人之所不欲恐未必利秦王善之命錯為上將蜀有梁山之險特為外戶錯乃為五石牛以金置尾下

蜀主　揚言能糞金將以遺蜀但無路可達耳蜀主聞而貪募五

五丁後　丁之後鑿山開路以迎錯以精兵尾進取之遂定蜀錯見所鑿之山二峰插天如劍名劍山（小劍）為大劍中曰劍門兩崖峻絕鑿石架閣而為棧道名劍閣錯步登大劍絶頂見二

二美女　美女顏色如玉相對煉丹錯叉手問之二女婉容曰老君

度世君　令候度世君來與以成丹錯曰救蜀亂非度世君耶乃掀（公然自任）爐視之丹成如日逕取而嚥下忽身輕欲舉顧二女謂曰

司馬得仙何易救世功大也

有三將在軍中可招之同去二女曰恐無功德當之錯曰

唐建威　唐建威以惠施貧李德芳以藥濟病宋雲刀以言覺迷三

李德芳　人異術同功應無不可二女諾曰惟命錯即發聲如雷呼

宋雲刀
燕王
子之
燕昭
無塩
季達
齊湣
韓襄
秦武
梁哀

三將上嶺分食餘丹齊騰空而起二女亦隨之去偏將[illegible]
舜舉朝鸞與周慎靚王六年崩子延立是為赧王遷都王城是
年燕王噲讓國於其相子之齊因伐之殘破其國燕人迎
太子平於無終山立之是為昭王復故地齊宣王少子季達無塩
所生受封平原陸鄉曰元侯後隨接輿入峨眉修真其子孫因陸為氏宣王薨齊
閔王地立一作湣韓宣惠王亦薨子襄王立庚戌秦惠文薨
子武王蕩立張儀復至魏魏王已薨子哀王用之為鄉踰
年卒秦武素好力戲用烏獲任鄙孟賁為將使左相甘茂
伐韓獲隨城折肋而死五年使右相樗里疾受青烏公傳深通地理
開道三川直入洛陽赧王遣使郊迎秦武謝弗敢見入太

十 孟說
十 任鄙
十 烏獲
十 甘茂
十 樗里疾
司馬言驗
口 秦昭襄
回 孟嘗
口 楚頃襄
口 趙惠文

廟傍室見龍文九鼎各重千鈞腹有九州字記武指雍鼎
曰此我秦鼎當携歸乃與孟賁橫關對舉而扛之武忽力
盡墜下壓斷右脛夜半痛死老聃曾言王還王動非文人所知蓋周武秦武所謚相同
疾卒夜歸立其異母弟稷昭襄燕質以正罪賺楚王至秦使
納地自贖客死於秦三閭大夫屈原立太子橫頃襄王趙武
靈恐地日削傳位次子何惠文自號主父胡服騎射畧地西
北秦王聞孟嘗君之名聘之適燕使蘇代至齊言不可往
匡章言宜往齊湣不決獨門下客琴高告孟嘗以還遲之
術措同門二客善鷄鳴狗盜令同入秦卒賴二人之力得
脫虎狼之窟丙寅韓襄王子釐王立魏哀王子昭王立昭

[illegible]章　韓鬻　梁昭　魏無忌　趙勝　宋辟　宋康　韓憑　何氏　大丈夫

王少子無忌號信陵君謙恭下士食客三千餘趙平原君
勝亦好士賓客嘗數千琴高往來趙魏遊二公子之門閭
宋無道往察之宋康王乃辟公次子毋夢徐偃王而生遂
名偃逐兄自立暴虐稱王遊封父之墟遇採桑婦美築青
陵臺望之訪爲舍人韓憑之妻何氏一作息氏息乃桃花夫人也謬諭憑
獻之不從即其家奪之憑悲憤而死偃召何登臺曰從則
爲后何作詩二章以見志
南山有鳥北山張羅鳥自高飛羅當奈何
威武不能屈
貧賤不能移
烏鵲雙飛不樂鳳凰妾是庶人不樂宋王
富貴不能淫
投臺下而死鵲歌後多鳥 埋其屍與憑塚相遠一夜忽生文梓

桀黨當如是。

二本句日長三丈許枝成連理有雙鳥集樹交頸悲鳴里人哀之謂其夫婦之魂化宋偃置弓矢於座側凡進諫者即射時號桀宋琴高自云趙人以鼓琴謁見宋王欲用為舍人以代憑職高即極言其過惡偃怒引弓射之高行涓（快甚）彭氣禁之術宋庭君臣如木偶高徐步而去未幾齊湣王糾楚魏伐宋破睢陽偃走投神農澗而死齊滅宋後孟軻見其强暴遂歸鄒與公孫丑萬章告子諸徒序詩書述仲尼之意門人記其語作孟子七篇傳世卒葬於四基山齊湣欲伐周遷鼎孟嘗諫不聽適魏依信陵因使結交於趙信陵勸王以親姊嫁平原孔穿自魯適趙平原知為仲尼

（人）公孫丑　（人）萬章　（人）告子　（人）孔穿

公孫龍

旋波

提謨

此段聞所未聞

之玄孫禮敬持異容有公孫龍者能爲堅白異同之說即守
白也堅執其是與穿論臧三耳一耳主聽二耳形也
與衆異論也兼聽而言可得爲三其辯
甚析穿弗應乎原問之穿曰三耳甚難而實非也兩耳甚
易而實是也君將從易而是乎其亦從難而非乎平原謂
龍曰公無復與孔子高辯事也其人理勝於辭公辭勝於
理終必受詘龍遂去而之燕燕昭二年廣延國獻善舞二
人一名旋波一名提謨並玉質凝體氣香馥王登崇霞
臺二女設麟文席散華蕪之香云此香出波戈國侵地則
土石皆香著朽木腐草莫不蔚茂以薰枯骨則肌肉復生
以屑鋪地厚四五尺二人舞步其上彌日無跡使女伶代

苟得佳種
以救窮黎

○屍羅

歌於傍清韻流響空中白鸞孤翔御一粟墮地二女曰此千莖穗一歲十穫一莖滿車王使民樹藝果然因名盈車嘉穗二女積年不食王怪問之女曰吾本玄天神女爲王有夙根故來富强君國王愈敬信○七年沐胥之國來朝一名申屠國有人名屍羅荷錫持瓶云發其國五年而至燕年百四十歲善於指端出浮圖十層高三尺有諸天神仙皆五六分歌音極細幡幢與蓋玏麗特絕俄而吹浮圖漸入雲裏能歕水爲㵖霧闇數里間吹疾風而散常於左耳出青龍右耳出白虎始一二寸稍至七八尺乘風雲而起復以手揮之龍虎下歸於耳又張口向日有人羽蓋駕螭鵠驅

樂毅
王孫賈
齊襄
君王后
田單
甘需
谷將子

入於口旋以手抑胷上轟轟聲人物復從口出終日遊行
城市或化異異倏死更生昭王以爲異二女曰留國中街
惑人民不如善遣之王遂賚以遊貲送之出境王不忘報
齊築黃金臺求士得趙人樂毅乃尉繚之徒用以伐齊大
破之封昌國君齊湣被殺於楚王孫賈迎立太子法章襄王太史
敫女爲后用田單爲將行反間於燕昭王不聽王慕神仙
初有山人甘需云受金母傳授衆臣於燕爲王述昆臺登
眞之事去嗜欲絕聲色無思無爲可以致道王從之既久
忽有人曰谷將子乘虛而集告曰西王母將降觀爾所修
亦爾以灌去之後一年王母果至與王遊燧林之下說

亦作戶離

燕惠

騎刼

魏安釐

孔斌

炎帝鑽火之術燃緑桂膏以照夜復有飛蛾噴火集王之
宮得圓丘碟砂結而為珮登握日之臺得神鳥所御洞光
珠以消煩暑自是王母三降於燕宮而王方徇於攻取不
能遵甘需澄靜之旨母不復降需曰母設之饌非人世所
有玉酒金醴後期萬祀王既嘗之自當得道但在虛凝純
白保其遐齡耳未幾需亦昇天而去王三十四年無疾而
甍形骨柔奕香氣盈庭玄夫二安忽失所在子惠王立以
騎刼代毅田單計驅火牛破燕軍盡復故地時孟嘗為魏
相昭王甍子安釐立齊襄迎孟嘗不就終老於薛魏王聞
孔斌賢穿子穿字（子順）欲聘為相斌謂使者曰若王能信用吾道

（可惜）

固爲治世也若徒委以重祿魏奚少吾一夫耶使者固請
乃之魏爲政累陳大計不用遂以病致仕歎曰死病無良

藺相如 醫不出二十年天下其盡爲秦乎關東諸侯惟趙有藺相

廉頗 如廉頗虞卿之徒號稱强盛秦王以孫異人爲質於趙令

虞卿 大將白起擊楚頃襄忘仇用佞屈原屢諫被放作離騷以

白起 自怨姊須歸訪於夔之故宅勉以力耕自食原重違姊意

姊須 乃秉耒而耕里人哀其忠皆爲助力獲米如玉號玉米田有漁父匿

楚漁父 名隱釣於江濵見原披髮行吟以滄浪之清濁喻勸原不
省去深山自閉原抱石投汨羅江死乃五月五日里人爲
角黍投江祭之恐爲蛟龍所食繫以綵線今龍舟競渡其吳楚成俗

地遂號姊歸為之立祠、荊州府歸州、楚王遊巫山陽岸有石巖

宋玉

立問大夫宋玉屈原弟子、稽博古文對以雲華夫人授禹章策

之事王聞神女善變化能興雲雨築高唐之館作陽臺之

宮祀之神女壇側有竹垂地若彗有槁葉飛物着壇竹則因風掃去瑩潔不污時楚都郢白

黃歇

起攻拔郢都頃襄東保於陳秦復取黔中楚太傅黃歇侍

趙奢

太子完求和秦攻韓僖王求救於趙趙奢大敗秦師越二

韓桓惠

年韓僖薨子桓惠立明年燕惠薨子武成立楚黃歇頗好

燕武成

道質秦數年聞咸陽南關有茅濛字初成博學深鑒知周

茅濛

室將衰不求仕進常歎人生若流電奈何久迷塵寰中因醒世

棄妻子往師鬼谷先生喜其志但言根行尚淺未可傳以

眞道止授以長生之術濛隱華山修煉漸悟精微黃歇乘
暇往叩其道濛曰子猶未去軍國家事何能語以丹旨歇
意未然濛曰子速改圖毋招棘門之慘歇問之不答但云

馬成子

吾友馬成子慨棄家山得胎元煉氣之法子可往岐陽求
之成子即晉人馬丹改號列子復歸三晉偶遇本師王倪

童子先生

引至狄山伯陽川拜見師叔祖顏如少童號童子先生叩

鬱羿天王

其要先生曰聞太上昔謂鬱羿天王曰道生萬物物不離
道道在於身不在他人丹退問其從來倪曰此即黃蓋氏
之弟子也更問伯陽曰子在亳所師之老商氏丹驚

蒼精先生

宛丘祖師所在倪曰師在大宛為蒼精先生度青烏

東平生　沈羲

公以正道復為西伯昌今遊於淮泗為東平生多有受其益者列子告別時童子先生授以浴葬鈴經列子乃入蜀之鵠鳴山邛州居洞修養數年忽李八百策杖至曰此山鵠鳴子當昇仙語言相投復以神丹一顆贈曰蒸為內丹藥為外丹服此即成真道列子大喜曰吾前為馬丹心念此藥也今得以成仙故更號馬成子服丹白日冲舉上朝帝稍後止於岐陽常憑虛御風扶搖直上在空浮遊眺望後名其地扶風有吳郡沈羲善於醫心切救人功德感天聞馬成在蜀得丹藥家往訪時赧王乙卯九年秦昭之元年老君度司馬生居仇池數年引出散關飛昇崑崙路遇馬成召之

曰楚人沈義行仁救濟今來訪汝可引入蜀學道待功行
成予當遣使迎之業已從先進還應覺後知
韓夫人貞烈捐軀不特芳名千古太上已入籍地仙至
後集始見
司馬除亂救民即得度世亦以見感應之速念三將同
功毅然招之不虛度世君名位
燕昭以甘棠遺蔭故得甘需助道是以天女至而王母
降雖未見成道之跡觀其發時自是不同
應得仙者須帶靈根仙骨如馬成子高眞曲為援引黃
歇乃心勢利所以屢訪不遇

十范雎

呂齊建

(ǀ)朱英

呂楚考烈

二假君

○〇神鼎沉 小懲強暴 〇〇〇 蟠桃熟大會眞靈

於是馬成子招蕤居濾峯山與之講論成石父常棲遲其

間教服餌之道赧王四十九年黃歇來訪五次不值復往

華山見濛亦迷其徑秦昭以魏人范雎爲相上巳日置酒

河曲有金人自水而出捧水心劍曰令君制有西夏秦王

聞齊襄襲子建立君王后用事后襄爲女中丈傑乃與齊結

好復約和於楚楚使朱英魏人至咸陽報聘因見[illegible]王病

篤歇與英謀令太子微服出關歇度去遠求見秦[illegible]怒

范雎勸釋遣之頃襄薨完爲考烈王進歇爲相國號春申

君封於闔閭故城令長子假君居守秦王方築樂宮於渭

一應曜

南而咸陽宮在渭北欲造一長橋以通兩宮水勢衝激工匠無所用其力聞齊有聖匠應曜厚禮聘爲董師曜觀渭水有神物驅水奔騰乃撮土布之水不能流呼神出見神伏身對曰吾貌醜惡知仙鄉善圖物容故不敢出曜致誠拱手曰試出頭當與汝言神不敢違曜曰秦作橫橋無礙汝水道神叩首領命曜以目停視暗以脚畫地神覺之没水不見曜即令工匠立柱架梁數日橋成長三百八十步本名橫橋後名渭橋漢武作西渭橋名之曰中渭橋曜教留神像於橋北京水中惟置腰以上於水面使人識之不敢爲祟後魏武過此馬驚移置於下曜辭行昭王以黃金酬之悉散於衆匠謂之曰爾等知魯國

名班者乎疾馳而去後名其門魯班門歇懼秦之逼致數
千客以輔國成石父寓蜀又二百年餘濟渡甚衆聞春申
永石公 養賢改號永石公率徒數十就之春申用賓客之謀北兼
鄒魯之地朱英薦師琴高道德高浮游冀涿間三十餘年
荀況 聘尊以師禮英又薦趙人荀卿況洛曾論武於孝成王前復
趙孝成 爲齊祭酒學識淵博聘至用爲蘭陵令春申修政練兵楚
呂不韋 國復強陽翟大賈呂不韋適邯鄲夢附白龍而飛明日道
遇秦異人以爲奇貨可居遂與結交爲之入秦謀見太子
寵姬求爲子不韋有美妾趙姬懷娠二月獻於異人約爲
便一不爲呂氏子
祖龍出世 婦周年產一兒光明如練百鳥飛翔口含數齒背項龍鱗

趙政 王齕 十毛遂 十侯嬴 △如姬 十張唐 口西周文公 (嬴樛

時壬寅正朔異人遂名趙政不韋約遁秦軍王齕圍邯鄲
不拔王親督師平原往楚求救賴下客毛遂之力楚使春
快極
申往救平原復求魏信陵用侯嬴計竊兵符奪兵大破秦
師范睢勸秦滅周王使張唐伐韓赧王徙依西周文公公
曰昔太史儋言周秦五百歲而合今其時兵不如奉土歸
傷哉
秦不失宋杞之封赧王無計率子姓哭廟三日捧輿圖詣
獻降爲周公不踰月而殂遷西周公於憚狐聚命嬴樛毀
宗廟運鼎於咸陽將遷居民聞鼎有泣聲及以舟運至泗
水豫鼎飛沉於水入水求之見一蒼龍鱗鬣怒張波濤頓
神哉 快事
作舟人懼逃樛夢周武王坐太廟責其命鞭背二百樛痛

覺即患背疽死孟秋朔秦以八鼎陳廟郊祀上帝於雍丘
布告列國韓主首入朝各遣相國入賀王欲誇示率衆觀
鼎八鼎忽聲如雷皆陷入地不見太廟震傾時東周惠公（奇事）（提興）
班之子武公已立二十五年是歲丙午須彌桃實正熟自
崑崙會後整及千載黃老設筵於大地發金簡王符命官
吏分投啟請天上天下海內海外真仙其間恐有未遍轉
仰東嶽真君查東華籙凡證仙班者俱邀入會因白石生
處世最久地仙必多相識令青童傳語託其搜閱有功行
足者招之同至青童逕至春申門下客道其故永石公不
敢推委同門惟屬意琴高不與說明先別衆北往齊人趙

歎不善變矣

①趙廓

廓學道於永石三年亦辭歸省公曰子道未全安可思歸廓堅欲往公勉遣之廓行及齊力疲止於道市吏以爲犯法將收杖之廓驚走百步變爲青鹿市吏逐入曲巷倦甚蹲憩路旁吏又逐之復變白虎急奔見糞壤如丘入藏其中吏呼衆發穢惟一鼠伏地欲遁喝衆捕縛廓術窮原復人形吏執以付獄法應棄市永石知廓被囚化老翁見齊王建曰聞大國有囚能變形者願爲除之王遜之坐召獄吏拘至勒兵圍之公向廓喝曰汝能變小畜否廓知師來救仍變爲鼠公從座上翻然變爲老鴟攫鼠於爪飛入雲中欲帶至會所以根淺行薄乃留於泗水香城自入蜀廬

峄山招流羲羲曰馬成子曾來言及辭以德業未就彼與犢子同去矣永石念葛由嘗贈我甜桃當報之遂上綏山有童子守門問師所在答云數日前有太上符册召往須彌永石想峨嵋太乙諸真諒必先去正躇躕見何侯巢許嚴諸人問之云地官七友在周仍為隱士故招齊赴良辰惟接輿與妻在蜀特來尋訪遂別去永石循江東行經嵖岈蔡鄧二真亦承册召結束將行同至南障遠見匡氏弟兄隨應元容成大衆永石趨前檢點皆東南人物子喬之眷屬老彭之妻孥與仙華子女華蓋師徒徧視不見浮丘因問何在應元曰蒙往峽山挈我二子二媳永石別行至

吳招琴高北過泰山念崔文子頗有功行可引入會至阜鄉尋見年雖五百餘不得變騰永石偕與之行中條各洞扃門閴寂將至咸陽琴高曰鬼谷先生嘗言茅濛是上眞之器獨處華山或者未去永石浼其往訪高去片晌即回曰南嶽眞君與涓彭約五嶽君相至華嶽同蕭周二君往邀初成謂學業尚淺未得冲舉在路恐悞會期高去亦以此言亦辭永石歎息崔文子曰聞茅生之言心竊自愧決不敢去永石尚欲促行見數吏如風而至曰衆聖集候已久復令前來迎逕永石乃安置文子於涇河之濱同琴高飛步瞬息過弱水是須彌大地早望見小坡下羽蓋重重

直是打發文子

客布旛幢對對高榻有四丫髻小童凭欄向海南瞭望知
有客至入內報知赤水二眞出迎永琴控身趨拜相攜上
山回顧林塢間侍衛神將揭諦青童皆張幙設席而飲一
路迴廊曲檻異卉奇花直至堂前黃老元君錦襴繡帔珀
玦黃冠遍體霞光覆護旁有金童十二各執雲旛寶幢黃
老立於東階笑謂永石曰倩子招隱反爲隱者招土永石
俯首謝罪引琴高相見堂殿開捌十三間窻牖瓏瓏榱題
蜚翠庭羅錦障地設氍毹左右有黃鐘碧磬爲賓主進退
之節佳賓分三等而坐至聖高眞尊居上座道隆德懋者
設位中堂後學散仙列於前席金鐘叩處前席降階來迎

焦先

揖遜至中堂，仙眞各出位敘禮，永石見上座高眞皆拱手請坐。黃老指坐向東一席，仙叢中走出黃石、魯班，扶永石入座，曰：「虛席候公久矣。」琴高次坐於旁。赤精道君曰：「酒進三巡，樂奏一闋，而子始至。」命吏酌三觥，上獻永石，接而立飲。宛丘曰：「此會惟我先來數月，衆位亦宜奉三大觥。」羣眞笑而飲之。永石乃自改曰焦先，以警怠慢。鬼谷、涓彭見琴高入會，送酒相慶。永石將沈羲、茅濛、崔文子情由細述。黃老曰：「茅濛之睿知，沈、崔之雅操，實所罕有，候其多積功行，迎歸大地，授職分司也。」何候、冉約、巢許、嚴并、舜之七友，亦來未久，審視廣筵間，每四人合座，新增許多貴客，皆認不

得連合席二位亦未曾會問之始知寒哀王氷二人曰蒙
天師初次挈來禮節未嫺尚祈指教何侯曰先輩韜隱乃
爾晚未負愧良多起身重叙坐次寒王固辭何侯欲知新
客姓氏乃問並坐之師門子師門隨嘯父來時諸眞未集
悉知後來者之詳於是竊指上位低聲而言曰頂負圓光
身被七十二色是高上虛皇玉清聖境大羅元始天尊左
首視之不見聽之不聞搏之不得希夷而微者是太清仙
境混元道德天尊右首應變無窮體有葆光注而不滿酌
而不竭者爲上清眞境玉晨靈寶天尊左席南面而坐身
生三十二色寶光常有紅雲擁護者即金闕至尊昊天玉

昊上帝也何侯曰無煩逐位宣揚只以未識面者言之可也師門子曰金蟬子下旨西坐面東紫金像白毫光莊嚴具足變化無常者乃西天竺國梵王太子悉達釋迦牟尼

○阿彌陀佛前席北面坐者即其徒阿難迦葉及阿羅漢諸尊者牟

○諸尊者尼左座諸佛貌古心古道證不動歷世最久溯知未來乃過去佛也牟尼右座下不具莊嚴不着色相重頤大口坦腹嘻嘻手持氣毋者內藏先天一氣大千世界之橐籥舍衛抵陀太子彌

○彌勒勒佛也青蓮妙相滿月容尊務清淨有大慈悲西域稱爲阿那婆羅吉低輸即南海補陀落伽山潮音洞普門大士慈航也常現宰官婦女身說法隨感而應尋聲救苦是

觀世音
號觀世音。其道友二人坐於左首者曰文殊佛常謂其有

文殊
妙德居南土清涼山。五峯像五髻聳出雲漢，又曰五臺。仁比旃檀步承蓮
朶化通萬彙普濟羣生有大辯才故曰大智師利坐於右

普賢
首者曰普賢西方稱為邲輸跋陀居峨嵋西峰自相不常
隨求而變神周無朕應念而生有大威德故曰大行神力
師門子正待言及九天三元五嶽師相適有值筵仙吏捧
畧頻一筆
壺酙酒何侯曰但言其概足矣不必細談出處也師門遂
約言之曰玉皇同聖父聖母后妃子女列宿星君各部將
佐社稷之神周穆王造父賴西王母薦於上帝為馬監天
御趙簡子王良藉天台王君舉為武庫天虞在漢中天駟

星旁北極玄帝亦同父母并水火二將率諸軍吏天神應
元真君召屏翳為雲師統部雷霆將吏已上百萬天神或
停半空或屯山野下方東嶽帶五子一女及校籍曹官造
化神黔羸亦曰黔雷嬪妃仙眷南嶽相涓子彭宗西嶽相蕭史
周亮并秦穆弄玉太白老人葉君陳寶北嶽相杜冲同扁
鵲陽厲負局郭偃史蘇諸人中嶽相宋倫及蔡瓊鄧種東
華帝君帶九子二女神荼鬱壘靈眞子郭叔姚坦之徒西
王母領四瑁諸女其徒巫陽巫咸女娃赤眞君率南宮列
聖廣壽老人熒惑小兒水精道君設教南洲時舊徒凡有
德行者皆歸廣野孟子諸弟子俱亦隨至中條湯武伊周

宛丘之徒姜若春仇池文始宅眷其弟尹軌并壺丘子林
尹文子列子莊子老成子南榮趎崔瞿士成綺柏矩犢子
陽都女紀滑子季達王子喬同父靈王弟眉壽妹觀香妻
太玄七子二女武夷二子同母太姥妻太陰二女南楚匡
生兄弟玉子之徒太陽子太陰女鬼谷之徒孫臏琴高晉
之師曠周之萇弘吳之姑布子卿蓬萊方子春蜀中葛由
金堂李八百其女弟妙應（原名異多）大劍山司馬生鄧地赤須
子冶仙梁母歐冶于將莫邪包山之靈威丈人陽山之公
孫聖并公同來之三高人七隱士此皆乍會者也何侯謝
欻仰視夔龍邊螭虎地之碧玉匾上玄句堂三字乃紀后

複簇帽填珠鈿皆丈竪箕點鐵畫銀鉤俯看堂中
香騰古鼎花簇錭屏八寶承几五金作筵桌列龍肝鳳
髓麟脯雉膏盤盛火棗交梨紫芝碧藕座上客有戴芙
蓉冠蓮花冠一字冠九雲冠嵌寶紫金冠剪擇刻瓠異
製會中人有穿絳綃衣虹霓衣白鶴衣百花衣列宿山
河衣裁雲綴羽喬裝女眞皆翠翹繡帔風致翩翩高士
則荷衣卉服儀容楚楚或開懷而飽德或抵掌而談玄
人人綠髩方瞳箇箇奇姿異采
一眞正與玄女評論時政忽樂聲動處有伶人數十手執
樂器金童九人捧壺托桌玉女九人執盞擎杯簇擁黃老

出席送酒傾醍醐之漿於琥珀之杯自首席依次送去將及中堂俱起立遜謝黃老立於筵前命玉女各席送遍然後就坐風后乃問於一真曰弟子聞德者得也周既失德合為有德者得之嬴秦何德而得周之天下一真曰幽王失德西周已亡秦襄實保豐岐而周秦為同祖但惡其取之以力耳然六國未亡嬴秦先滅未享天子之實而索適求償者已接踵出矣風后不解復問本師玄女曰子知周（確有至理）武代商以木德繼水而王夫秦金也雖能尅木然木之子火也火能爍金子來報復母讎始能繼木而王也風后曰五行之義固然猶未知嬴秦先亡於六國之故玄女曰世

有王者山魔君先降嬴秦強暴日甚故上睛以呂易嬴斬
絕其後呂秦不久亦亡諸魔殆盡而後真命者出焉逐鹿
中野爲王前驅
九鼎爲三代神物以德相傳周雖弱而無失德秦昭以
強暴遷之宜乎豫鼎先沈而八鼎隨去最妙去於誇示
之時掃興盡情
永石久貪安逸今番當得勞碌蟠桃之熟寓道果之成
而木汞金鉛都歸戊己三五合一大丹正旨故蟠桃止
見於東西中三處而南北隱焉閱者毋以義格而指疵
也

劉氏根原
歷歷有據

〇〇〇善詼諧仙官演劇　〇〇〇持戒律老佛談禪

復問應運爲誰玄女曰赤帝之子當現於斯時耳問呂秦氣數幾何玄女不答一眞笑曰呂二口也不越二世而亡鳳后曰周之主天下數十世累仁積德今赤帝當興其先果何如者乎一眞未及答對席宛丘曰其間有段因果昔劉累者堯之後也事夏爲御龍氏曾醢道君之謫龍我以藥活之跨晦南宮色化爲赤令我駕此赴會經過豐之大澤俯視坂上遇夫婦二人察其根由乃知赤龍當顯初御龍更爲豕韋氏商衰徙於唐周復徙杜爲唐杜氏宣王誅杜伯其子適晉爲范氏士氏士會奔秦後復歸於晉其留

秦不返者更為劉氏後隨魏徙大梁梁滅轉東徙於豊其人即劉氏子毋初夢赤鳥如龍戲之而生其媪亦毋蚪托生我因降大澤陂與語觧左驂雄龍（伏漢高）與之行至洛池又解右驂雌龍（伏呂氏）縱之使其為偶生將週歲矣我故來此最蚤厥后曰劉累覊赤龍為膾何德之（問得好）而反光大其門宛丘曰子猶未之審耶自黃帝以來少昊之孫有高辛顓頊之六世孫有帝舜舜後有田齊舜之五臣禹為夏契為商稷為周益後為秦惟臯陶用法峻嚴致傷天和子孫故不得顯然有六蓼之封而堯之功德巍巍邑子丹朱於房式微甚矣今之繼周而王者火也堯王以火德故其後應興也劉累

嘗臨雎龍後必受女主之禍報施豈有爽乎風后曰弟子欲佐命真主攝伏諸魔少積功行可乎隣席黃石公曰既有此志予當助子一行風后稱謝周穆離席告上帝曰臣滿欲暫遊人間不識可否帝曰五百年必有王者出天道之常然亦有不能正五百年者今元續十五刼去此尚百餘年予當應運而往不可太先於期致天馬放逸難於羈紲也西王母曰此去恐昧本來中年當來觀子之得失穆拜謝莊周對席微笑有欣羨之色玄女曰莊子且耐守星宮待時而動蓋羅天星衆俱有司守神歸則明神遊則身茅濛乃上界星官居末穗歲星宮中周末下降於世今將

女教師是何根行

召入須彌莊周在中條常隨玄女出入天衢寓神於星宮如朝覲之郎舍上帝以濮來逐歲星失守即命周暫駐其宮爲本德居攝非陳請奉勅弗敢離也葛由謂四治仙曰僻處一隅未覩中原之盛欲觀東南王氣望相引一行席散屆至荒山有造成五色木羊可乘之同往皆應曰可斯時滿堂笑語合座飛觴有一女教師領女樂百輩翠眉綠髩皓齒朱顏身穿霓裳舞袖繡帶絲裾手執檀板雲璈鳳笙龍管向前參拜起立兩班頓開清喉唱出玄歌一闋鸞聲嚦嚦婉約悠揚歌畢餘音[illegible]繞樑間黃者隨命起舞衆女童皆撒去樂器長袖摶風輕裾飄綵如遊龍飛鳳觀者

優孟

世號老郎

孫叔敖

惜其曲不傳定不似

無不怡心悅目、舞罷、即傳杯走斝、以供使令、少頃、走上數對美少年、錦衣花帽、博帶烏靴、跪稟曰、南楚侏儒優孟、善（侏伝何幸）體人情、揣摩形態、嘗扮孫叔敖、感悟楚莊、故元君召敕爲大演仙宮、導我等嬉戲、排遣情懷、今有新演時文、敢侑諸（愈出愈奇、）上眞一觴、時堂中微暗、黃老命掌燈、頃刻寶炬流含珠燈射彩、諸伶結束登場、演出吳越爭衡近事、（有意哉）始而夫差報越勾踐、敗棲會稽、范蠡侍之入吳、繼而歸國、聘處女陳音教習君子軍、謀伐吳、夫差寵西施、信伯嚭、戮伍員、端木子說吳伐齊救魯、夫差北渡、與晉爭盟、越兵乘虛破姑蘇、吳亡越霸、蠡見幾遁去、而終有知音者、擊節低和、狂放者拍掌

綄紗膛枚

後世僅云喫東西婚土宜水火無求於人也

稱奇王倪戲謂陶朱曰持危定傾大夫之勞也當日固如

推誰

是乎陶朱笑而不答在坐姑布公孫冶仙劍仙身歷其事

不勝感歎夜將半赤精水精亦出席送酒曰蟠桃大會木

公金母已曾作東今又黃老開筵惟荒山無物相邀敢借

獻一樽伸敬自首席送至老君前老君遜謝曰道君適周

應筆不漏

時重約會期予訂以周七再晤今果然矣水精謝指教之

德奉過元始玉晨上帝諸眞廣壽柏皇上前代勞各席送

畢皆酕醄醉意惟西方釋迦諸人不飲爽然自惺偓佺問

曰此仙家醽醁非人世麯蘖之比我師何爲不飲牟尼曰

發明

答得好

釀或不同而名則無殊醽醁非醉心之味豈俗客能嘗麯

三教合參

其仙倣此

此禪[illegible]

藥有亂性之權乃衆生宜斷五濁世中刼見煩惱上善絲（是是）
有接引下根防微杜漸若非行自本身愚蒙便生疑見所（衆生命）
以五百大戒先於我始水精曰善哉老佛之言即吾儒克
復之功也偓佺曰酒能亂性我師戒之又能陶情仙家飲（諢得妙）
之我今無酒且從佛遇酒仍學仙不必拘此執彼也黃蓋
屓壽五龍巨靈諸人皆笑文始曰但能性命歸眞便與乾
坤等量假天漢作屠蘇引長河為酥酪猶窪樽而杓飲耳
老君微笑頷之觀音大士清淨乃恭敬啟問佛之設教云
何年尼曰我好釋故以釋爲教蓋釋去萬緣之意也文殊（諱釋字亦妙）
普賢亦合掌求示年尼從肉髻中湧出百寶光怡然曰諸

仙眞衍派　卷六　第九節　四

蟠桃肯待
始終乃投

世尊見問請言其概世人皆著空貪著入垢執迷我教以
解脫嗔痴煩惱斷除慧業塵勞覺彼愚蒙拯諸沉溺援有
情之身超無量之劫以戒律為教文以禪定為功課彷彿
乎天尊之醍醐甘露也三大士歡喜謝教黃老曰承諸真
不棄屈降荒山無以為敬有新成九鼎神丹服之者與天
無極呼內侍取來有頃捧一輛小金輿至堂疊無數丹藥
滿座周旋每位一顆恰符其數無有餘欠黃老命金童以
所著正一經九卷陳與各席傳觀一遍齊聲讚美曰元君
立言無上至真玄妙旨也飲至夜闌皆起告辭赤精曰既
因蟠桃作會且待摘來上壽以應千歲之期黃老曰桃核

散播雜出於衆樹間、典守之人、成熟時、被紫鸞玄鶴丹鳳
黃猿採啄狼籍、已命小童去摘、未知可能遍供、宛丘浮丘
應元鎮元皆曰、長筵廣席、酒已過多、不若偕至林下、隨意
摘嘗鮮果、何必定於桃實、群仙曰、妙哉、出席相攜、同步揖
遜下堂、只見

數百對碧綃燈籠、挑前導照山徑崎嶇、幾千柄翠羽扇、
貼近橫遮、防露華沾濕、風清三界步虛聲、月白九天沆
瀣、降參橫斗轉、氣朗雲消、曉籌初唱、共瞻飄渺天關、旭
日將升、乍見微茫、烟樹隱現、樓臺宮殿、從衡匾額標題、
金光堂、戊已堂、繡袍仙吏紛紛、中央殿、廣明殿、羽服道

流簇簇貢始樓頭、五面仙姬馮碧檻、承天宮外金瓜力
士裹黃巾數不盡、翠閣瓊樓遊不了、華亭茂苑無限峰
巒絕壁環迴洞、盤層巖天成池沼、化龍金鯉潛遊、生就
橋梁顯瑞、青麟閒走、欲眺望有臺榭、登臨思延竚有軒
亭、徒倚古檜長松、夾樹委蛇曲徑、清溪遠岫、迴遮幽雅
仙居非徒杖屐難窮、即使舟車莫遍
行至一處、殿額上書神龍殿、門橫金鎖、戶高銅駝、外列守
門神將、旁參值日功曹、容成公喝退神將、躍上窗欞一望
果有神龍數頭、蟄騰騰一窩、盤踞、問黃老曰、獰惡之物、豢
養何爲、黃老曰、此水宮禹王收貢金所鑄之鼎、三代以德

九鼎有歸　贅

相傳耳足俱有龍文歲久通靈不欲就鷟咸陽陰來告我命力士攝至建此殿居之命功曹啟鑰引進九鼎按方而列諸眞曰神物豈久居人世哉觀歎良久出殿由磴道而下在山腰望去坡前金杏黃梅赤桃紫李纍纍滿樹金童提筐執筐滿貯奉獻比方諸崑崙者更覺紅大啖之甘美非常回看樹上猶自茂密葢地大而舒土肥而厚也羣仙入林恣意採食小子章摘四顆紅大者懷之朱襄君紀后曰食之足矣懷之不已甚乎章惶恐曰家母不嘗此味久矣况今尤勝將以歸獻羣仙皆稱其孝西母適聞之轉謂女媧曰予長女太煥次女太英配應元二子三女太武已

神媒二字、於此實授

張老

又袁公

嫁容成幼女太眞爲有黃之室、惟四女太瓊未字、觀小子賢孝頗許以歸之、煩神媒向太乙道意、女媧承命言之、太乙應允、即令章拜謝、時老君與莊子臨溪偶語、王母之侍女各以錦袱包裹果品、莊子笑曰口燥假以止渴、逕自解袱來取、母曰不問而取爲盜、子又來偷食吾桃、獨不畏青（應帶前）鳥耶、莊子曰如言青鳥正當謝教、彼時不遭其啄焉有今日、老君曰嗟乎世多歲久精靈、雖經採鍊未受琢磨、仍屈野仙、吾子可謂因啄而成器矣、莊子曰弟子在中條、有張（帶出張老）老者自言堯時甲子生、學問淵博、好穿素袍、附居山之陰、就學於玄女、又二徒白袁公自教越歸山、相隨學藝極能變化精於擊劍當此大會玄女教其努力勤修改易面目許以入會老君曰大盈若沖子未可自足其志莊子愧謝王母曰吾子曾寓冀州蓮花山洞有神人居焉得傳其道（點出藐姑）否莊子曰弟子慕其名往候年餘不得一面其女徒麻姑云師藐姑肌膚若冰雪綽約如處子不食五穀吸風飲露乘雲氣御飛龍而遊於四海之外其神凝使物不厲疵而年穀熟吾以是言狂而不信麻姑誚我曰瞽者無以與乎文章之觀聾者無以與乎鐘鼓之聽豈惟形骸有聾瞽哉夫知亦有之謝問其師之歸期更問曾與高眞接洽否麻姑曰吾師窮遊八荒歸期無準其性傲忽而淡遠不喜與

道祖久不
言及吾正
念之

物接故乃都會之所未嘗往與王母曰此乾坤至精之氣
所鍾子識之久矣問談之際有一人跛步拄拐過玉闌橋
老君呼之曰李鐵拐勞碌到何處去且來少憩有事託汝
凝陽稽首曰何事見諭老君曰吾子嘗至中條知張老之
根由爲我寄語教圖向上事時至成眞尋常莫及也凝陽
曰足見慈悲方寸歸即傳示使其自勵忽聞玉磬琤琤連
響老君曰客將行矣見橋南青龍駕輦白鶴隨軒天上高
眞先回黃老送至雲衢而返山前高張翠蓋整飭旌幢五
嶽君相因政務倥傯皆欲辭去涓于雖居潛山爲大處眞
人見須彌景致沉吟注想黃老喻意爲衆宣言曰此山形

如蓮花其下根抵極小漸上而漸大大處爲四洲南極入地三十六度北極出地三十六度南北去極各九十一度半東西之極各當天地之中度四海之水在須彌山頂盤旋而下注於大海日月星宿環行其津涘爲明暝也涓子曰周禮土圭測日至之影尺有五寸爲天中謂潁川陽城是又驗得衡山無影過衡山則景在南故交廣之右爲日南陽城去夏至黃道十二度天上一度僅值地二百五十里也周天三百六十五度約算圍三徑一得一百二十二度該三萬五百里若依舊說地徑二十四度豈止六千里字黃老曰有謂東西南北皆九十萬里者又不詳四海內

外自是不足論然海內不過二三萬里為實而海以外又
有如四洲者亦非虛也聖人以陽城為地中蓋惟聲教所
及則以人合天之道但取九州之中為中足矣不欲遠騖
為奇也夫天地之大果止禹貢耶要之陽城乃大地之辰
位天頂正圓圓處尚高辰間低以勾股法算之故寸景僅
得二百五十里衡山無影非主午之無影專稽於晷度有
高下遠近之變耳涓子復拜問釋迦曰西域諸國偏在瞿
耶尼其理與數亦相符乎佛言普天下有五大洲一曰亞
細亞別有利未亞歐羅巴亞墨利伽墨瓦臘尼伽四洲在
其外此則大地之垠堮畧可觀矣天竺直阿耨山之正南

崑崙山頂有阿耨大池水分流為四入中國為黃河注東海其三面各注南西北海中國實在東南為瞻部洲相通七十餘國如朝鮮日本流球交趾暹羅天方大秦安息波斯條友回鶻諸國皆在其內東北大洲曰勝神西北曰俱蘆西南曰牛賀四洲統名娑婆世界土形正圓故所生人物亦象其形蓋得天地之中焉其他世界環處娑婆之外形皆偏側尖缺故所生人物亦多不正云涓子復問諸天亦有名乎黃老曰周有三十三天各有帝宰高上曰須餤摩天王皇所居次曰兜率陀天又曰離恨天諸佛所居四大王天忉利天樂變化天他化自在天梵衆天梵輔天大梵天少光天無

量光天光音天少浄天無量淨天遍浄天福生天福愛天
廣果天無想天無煩天無熱天善見天善現天色究竟天
無邊動處天無邊識處天無所有處天非想非非想處天
四象天常憍天持鬘天堅守天當須彌山頂爲帝釋天宮
優孟所演吳越事隱諷岐伯諸人最妙極熱鬧後繼以
老佛談禪袪掃貪痴與爭王定伯者針鋒相對觀此可
知鋤强扶弱仙佛猶以爲過
周亡九鼎歸秦湋與後九鼎絕無下落讀此始知歸神
大地九州土宇宜爲黃老掌握
此會宣周秦代謝啟炎漢受曆卷中大關鍵也

新刻黄掌綸先生評訂神仙鑑首集卷之七

林屋扶樓擬本

江夏明陽宣史徐衜述
汝南清眞覺姑李理贊

○○○陜河濵老君寄跡　○○○幔亭峰太姥稱觴

諸天分列穹窿常靜宗動列宿火星遊道水精施化太虛之九重所轄大小不等方應鈞青陽旻玄蒼朱昊幽之九界凡天門九重其神皆虎豹司其開閉下人欲上者嚙而殺之涓子謝教願假須彌片土結廬安制五嶽聽其自恣黄老因四洲機務繁劇少掌約軸之人遂授以中黄四司大夫北海公之職西方諸佛將辭去慈航文殊普賢三大

能識斗小之穴則肉芝可得

士皆願隨行羣仙有興致未闌者不即別去在大地問水
尋山拈花看竹擊劍彈棋餐歌酌酒復留連數日而散太
公九子欲奮志苦修隨太極仙人南去尋悟源頭老君欲伏後
度茅濛沈羲崔文子三人不歸清境先自別去莊子求去
女請假數日遊行人世與焦先扁鵲姑布琴高負局陽勵
郭偃史蘇武夷母子諸仙皆隨南來曾班仍稱應曜與風
后黄石尋訪眞主行事老君等入散關至城固見一峰特
起頗似斗柄曰此斗山之穴有肉芝名千歲蝦蟇食之可
益年壽扁鵲令弟子回恒山自居此採芝爲餌常出救民
疾苦醫者輒愈居民慮其遠去築一城留之漢中有扁鵲城越數

年饑欲去通一泉於城下謂居民曰凡遇歲旱可以白羊投泉中後試之即兩老君同衆駕雲過陝河之濵焦先下指曰賣藥自樂者崔文子也老子與先下降文子見是永石問所會如何先曰爲我後至使先至者焦待故我改名焦先出袖中蟠桃一顆大赤棗五枚授之文子受而未食焦先令拜老君文子問道號曰我河上公也未知欲何所得文子曰求身輕善走足矣公曰若飛步之法石公自能敎之我授汝金丹眞旨文子伏謝轉求焦先輕身之道先曰汝且食此桃棗文子食之畢甘美非世間味先曰蟠桃火棗食之能骨換髓易身何難輕哉文子抖身覺矯健異

安期生
唐舉

常老君遂結廬於濱河之號地與清溪中條相隣優游以待河清且丁寧姑布子卿曰遇楊墨二子可傳我語因其立意一偏故遭屏斥如大闢孔氏之傳矯其前失後期可望子卿領諾辭去文子聞南交地多產砂越裳氏界有山產金可取作丹遂改名安期生同衆南行至魏子卿曰有徒唐舉在大梁欲一會之武夷君曰今丙辰歲家毋年千

引起下文

二百歲敢屈諸高賢至荒山同飲壽酒衆曰自當捧觴稱祝焦先琴高與安期訂曰候子丹成便來相慶遂分投別去子卿在東門北尋見唐舉問曰遊相以來有迥異者乎舉曰卿相常有而道骨者罕見問卿相爲誰曰在趙曾相

李兌

蔡澤

此段亦趣、

酒客

李兌於百日内當秉政、至期、兌平安陽君亂、果拜司寇、又遇燕人蔡澤、乘敝車遊說、笑謂之曰、鼻如蝎蟲、肩高於項、魋顏蹙齃、眉兩膝攣曲、聞聖人不相、殆先生乎、澤誇曰、富貴所自有、吾知者壽耳、語之曰、從今以往者四十三年、澤去遊韓趙、不得意、返至魏郊、遇盜、釜甑皆失、息樹下、予復見之曰、子金水相理之骨、當相於秦、澤慮道遠無貲、因解囊中數金贈之、遂入咸陽、說應侯、薦拜為相、子卿歎曰、仙材之難遇如此、○學曰、惟梁市酒家工人、自號酒客、與主人作酒釀、味極佳、日售萬錢、家致富、酒客偶醉、主人逐之、後釀常敗、沽者不至、家遂貧落、復招之、酒客笑不應、有賈人異其行

張湛　魏王子騫　東周靖公　燕王喜　姑射老叟　路大安

妻以女或去或來自言已百餘歲不以室家為念吏民舉
之為梁丞始言姓名曰張湛使民盈種芋薬三年當大飢（已有珍夫）
今歲果如其言梁民賴以全活予以此人為奇欲求一見
已被魏王子騫留入宮中寢食與俱子卿曰俟其出而覲（帶出子騫）
察之是歲丁未東周靖公之二年于（武公）燕王喜之元年（孝王）
子各國太史奏歲星逸光時莊子別行入蜀自稱姑射老（應）
叟至內黃遇一人曰路大安字明光素好道德因告之曰
留神恬淡集性希夷行功布炁漱液煉神語畢沖天而去
大安乃捨家修道應聲度患其後太上命玉童賜玉綸起
十事大安意開神解仰觀歲星暫臨趙地遂束裝入趙虜

李牧

周亡

⊙魯仲連

戌春平原君卒燕兵襲趙趙用廉頗李牧爲將大破燕師是秋秦昭襄王薨在位五十六年太子柱爲孝文王三日而薨呂不韋奉子楚嗣爲莊襄王蔡澤知王深德不韋乃託疾以相印讓之東周靖公聞秦連喪二若説各國合從伐之秦用不韋爲將執靖公歸遷於陽人聚以奉周祀自武王壬子受命終於靖公壬子歷三十六王二君實共八百零一年別記周數八百七十三年今按竹書紀年辨正是冬至明年癸丑夏天下大旱皆祈禱不應魏安釐王憂之問於孔斌曰世有排難解紛者乎斌曰魯仲連王曰仲連强作之者非體自然也斌曰作之不止乃成君子作之不變習與體成王曰不肯帝秦今逃之海上不可得斌請出榜召

募高士、王從其言、騫薦梁丞張湛能知未來、召問雨可致乎、湛曰月出如血天尚未雨非求之可得王知不可强歎息不已、湛出朝門、二相士交語曰眞鶴形龜背也、湛恭身前問、相士邀至僻處曰子具仙骨何汨沒塵世爲子惜之、湛曰因畀官拘縶王子多情不能即去曾從墨子數年有約來度故暫留此耳、老相士曰學出世者國猶可棄何有於區區之職且求師非執一惟道高者從之閩中皇太姥者相傳神星之精爲彭眞人之配母子居武夷山能呼風檄雨乘雲而行時人呼爲聖母既魏王有求雨之意可假（以求雨引入閩中）此往彼得見聖母自有益於子我二人先往相待也湛喜

秦亡

徙秦呂政

同姓氏子卿語之而別湛以其言入告王命子騫親賚禮
物令湛隨行撥侍者十人御者一人乘軺車速去拜求其
處四月秦莊襄王郊上帝於雍代周而祀是日日有食之
立三年薨不韋扶太子政即位時年十三尊趙姬為太后
不韋號稱仲父明年乙邜改元子騫同湛等假道於楚渡
江過吳越百日始達武夷山下見姑布唐舉坐林中招騫
湛謂曰已先見聖母云火德將興雨水未至如魏王子必
滅救濟可往前山天柱峯頭獨居辟穀數年或能感格天
意湛等留此服勞時至即遣相報騫如命往坐峯下辟穀
靜養至丙辰中秋彭真人回山相聚受慶四嶽具禮來賀

謝英妃

武夷勝境如在目前

惟兆嶽杜眞人覩來上壽有浮丘王子太陽夫婦蔡鄧二
眞隣近仙華之眷屬華蓋之容成太武天台王君父子焦
先琴高往香城以餘桃啖趙廓即能飛走帶至武夷先在
者子卿舉湛等是夜月明如晝在峰下結綵亭設寶座施
紅雲裀紫霞褥羣仙請彭君聖母輪流把盞稱壽依次就
坐飲宴酒酣仙女謝英妃撫長劍作歌汝南人申伯之後童女入山修眞
伶人奏樂音飄山谷此山有三十六峰天柱峰即鶱坐處
玉女峰有三石比肩而立其色紅潤望之若仙鐵佛峰即
建幔亭飲處也下有九曲溪直通山頂溪旁村民四繞安
居種耕常時只有猿啼嶂月雲鎖溪篁此夜忽聞笙歌聽

紛笑語依稀有好事鄉民相約追尋隨聲行及峰頭見縹幔下輝煌燦爛芳筵上許多名衣上服之士羅列佳餚美醞鮮果山蔬鄉人垂涎之甚武夷君知有人來窺探命童引至曾見二君呼之爲曾孫賜宴亭下奇稱村人見屋宇器用甚盛樂色食味皆美惟酒味差薄有童掛送村人歡喜大嚼不覺大醉皆倚桌枕臂而卧至日午醒來却在家中床仙家妙用上起身共說其事猜疑不已覓蹤至山頂並無幔亭仙侶燈火笙簫止有酒香撲鼻果核堆堦不勝驚異而下鄉民皆活至百餘歲每向市人誇說曾見仙祖賜酒建一亭於會處曰同亭蓋飲宴羣仙見天色微明撤去幔亭移入洞天深處換席更酌杜眞人不識饕湛

等問之武夷將禱雨事言之杜眞曰細論氣運周德非火莫繼嬴秦金王但能㓕周非相繼之正呂政以水繼秦陰險得國上天惡之故不欲雨然火藉木生無水不能甦木

鎬池君

政原鎬池龍君亦五帝子時至而起前有神醫在彼敎民投羊得雨秦巳有之況他處乎不日將甘霖四沛也魏騫果能志心求道亦當引入仙班長武君曰此須天台王君

元虛眞君

檢察須彌會後天帝降勅子騫賜號元虛眞君令註錄地仙人數執掌簿籍去年初夏有神人數輩見武夷君稱爲山主云天台君欲假此山避冗註籍二君擇對面百丈山古木蒼藤人跡罕至東南飛瀑如散珠噴雪暑氣可銷令

屬臨　屬雋　屬清　屬誼　屬殷　屬將　屬仁　麗英　霄貞

何鳳兒

山匠建殿廳曲院、鬼斧神工、迎王君館此、眞君子七人、皆
太玄所出、曰屬臨屬雋屬清屬誼屬殷屬將屬仁、二女曰
梁　順　稱　行　政　易　與
麗英霄貞、七子常至武夷叅贊籍成藏天台洞府時於百
丈校定、未完亦來上壽、聞子騫事、即令七王子屬仁往視、
湛聞之招十一人奔至峰頭報知騫陳禮物焚香伏候、屬
仁席散控鶴而起、覺香篆氤氳、即從空下視、騫湛等拜見、
屬仁觀騫手骨異常、遂攜至洞、眞君遣玉女何鳳兒往檢
仙籍、知是老君弟子亢倉、先以飲酒過度、不循玉律、故謫
居塵世、須二百年、方得脫骨羽化、因有憫世之心、可即度
世矣、湛等是汝舊徒、能引濟其師、我并度之、於是賜騫等

趙悼襄

鄭綸

伏筆

胡麻仙飯九品丹書又書一符與之曰子既欲雨可往南山龍潭投之即雨雨後速回報知汝父早畢政事時至便行驁復問父壽國數真君曰汝父壽不出二十月國祚不出二十年言訖別武夷諸仙駕雲軿統衆回山驁遵命至山南禱喝龍神投符未久即雲霓四塞大雨滂沱建陽龍湖山上有古巷石門柴扉旁有五山分峙中有小山如五龍捧珠狀巖際有雙井曰龍潭深不可測驁湛等賦詩紀其事即門魏報命時秦王政丁巳三年以魏信其反間復用兵伐趙自信陵廢後趙魏好絕趙孝成王薨子悼襄王立是年魏信陵卒明年戊午春安釐王病聞陽城有

鄭綸者字元節一字涵節少行獵墮空冢中不得出飢甚見一大

□魏景閔

□衛君角

十蒙驁

龜數數廻轉俯仰張口吞氣儉素聞龜能導引乃試隨所
爲遂不復飢百餘月後有人窺冢見而出之遲能咽氣辟
穀後過于安王公授以蒸丹之法自此能含棗不食閉氣
不息可至半歲方飲水三升舉家習其法甚効魏王召試
其術閉置土室中數月不與食顏色悅澤王始求教儉乃
神異其說王不能行病危矚太子增曰秦愈強盛魏必爲
所併當以國史與我同葬不敢棄先王之典章也及襄子
景閔王立是秋葬父於牧野盡將周書晉乘度數文章藏
於塚中能增衛君角守墓西晉時始出爲汲冢周書是曰竹書紀年已未五年
秦遣蒙驁攻魏拔朝歌衛君率支屬東走野王魏王因父

龍湖君
犬魚姬

墓失守兆向痛哭欲拜第鸞爲相鸞堅辭寄約張湛等間（脫）
關走入東閩（然而去）一路碧水丹山重至武夷拜見聖母求道教
在附近諸山尋覓姻緣道可成矣山多人熊黒狒木客山
魈時出傷人鸞等至東南一山形勢峭拔多雲霧籠罩陽
溪一帶松林湛等結廬於此湛（後名）廬子鸞鍊銅鑄劍七口佩
劍獨行而東見巖洞中一道姑獨坐發光若炬鸞疑怪魅
（[illegible]女當有宝珠之獻）
拔劍前叱姑起對曰妾乃龍湖君之女犬魚姬也奉天台
眞君命居此候君以諧姻眷鸞愈以爲魅揮劍直取姑以
長袖拂開遞一竹簡曰禱雨時曾將此符投我潭否鸞驗
之果是況吟未替姑指曰瀟仙至可作證明也鸞舉頭見

白鶴從括蒼來即前所遇控鶴仙人稷劍恭迎扈仁云父言眞君是太上高徒偶謫塵世今將授職名山龍女曾助雨應禱處緣當合可納爲室又授以換骨之訣而去騫不敢違命與大魚姬居數月忽旌旗車馬待衛萬人云奉老

司命眞君

君法旨勅爲司命眞君迎往天湖山居住眞君遂屣觧登車與姬同赴其山有三十六景殿宇反建於潭中後有漁人沒水求魚見石室如城有金字扁曰玉清洞一晝咤曰此司命眞君之府何敢擅窺漁者驚走出後生四子

四子

長子撥居晨山凡歲旱禱之立應山巔可望日出之處有大石如鼓扣之有聲山腰有窟即其所居張湛等常來會於玉清洞一日焦先琴高趙廓至曰我三人別後居泗水香城年來察楚之王氣漸衰將

釋帝王之鄉欲識眞命之主

老君居陝河開化終漢之世度人無數其下弟跡俱從此起試思其舍天宮而居草廬救世心爲何如哉

王子騫能爲天下生靈祈雨其願甚大固應得道須彌大會後繼以武夷小會慢亭仙蹟千古美談神仙豈虛妄哉人自遠於仙耳

世人不察實義喜信空言率多類此而士子每以釋氏言爲誕然其講堪之道原與之理大自有醇正處

騫湛俱有夙根靈明自動棄富貴如浮雲所以先根歸眞今人尤當早培心地自然證果有期

〇〇安期生九年丹就　：〇尉繚子一統功成

欲往南遊探安期生丹成湛曰在彭眞君處問推天下地運東南王氣將興翁言將衰何相異耶先曰吾子推不至此當今天下惟秦實能兼并若東南之王氣非獨楚不能當秦亦不能當其間自有應運者出焉湛曰聞春申君好士勤政恐未遽失也高曰矜忽無謀不久有滅族之禍豈能爲國之鎭吾友朱英受其惠戀戀不去常慮其波及湛曰久淹敝廬殊覺悶人欲一覩吳楚之勝如遇朱友教其抽身須早何如三人遂別湛南行安期自至越裝金山見石皆赤色夜則其金飛出狀如螢火遂收得黃金百斤回

嘗思艾之花果屬何物

至南交勾漏山得丹砂亦如數居象山今名安子山煉鉛追汞修之九年方成服之將餘丹收貯壺盧佩之腰間近處一山有艾草每歲春仲開花落於水面羣魚吞之化爲龍者什九安子異之亦摘艾花服之即能隨心變化至南越登番禺山北望禺山西北里許有玄覽臺見對山白雲封峴洞口瀑布如簾澗中產菖蒲一寸九節安子採之爲餌隱居洞中焦琴趙奇至問丹成如何安子出丹并如瓜之棗以奉二人分食皆覺冲和融洽高聞有化龍仙艾欣往摘取滿袖遇一江中分三道湍激聲聞百里傍穴出青綠魚嘴曲而紅名鸚鵡魚投艾花餌之立時頭角崢嶸高招跨雙角赤鯉偕

丨李園
ㄙ李嫣

水遁回白雲山雙魚自入海去（西樵有雙魚陂）高識王氣鍾於沛泗先命諸弟子齊集鋌鄉以候其興爲眞命之佐安期招野鶴乘坐沖舉於空（白雲山有舒鶴臺其玉爲雙印尚存）趙廓變彩鳳焦先跨之飛起傍晚至陝河廓復本形三人進謁老君園坐廬中共論興亡運數張湛欲會朱英教十一人守山輕身至故吳城見假君謙下所居之殿數失火湛曰東南木鄉木實則生火宜以黃土之色厭之假君塗以雌雄二黃火災遂絕（姑蘇府治世號黃堂）春申門下舍人李園有妹嫣進春申爲妾有娠園潛使妹說歇進於王及產雙生二男長名捍次名猶李園貴幸恐春申洩其事欲殺之楚復東徙壽春考烈

口踐幽王
丨嫪毐
十茅焦
上李斯
八韓非

病朱英以園陰謀言於歇不信英歎曰不去禍必及我乃至吳告之假君欲往切諫英止曰去已無及可客移族眷於城外急變則西走夏汭張湛見英以琴高言語之遂辭假君南道後七日王覺園伏死士殺歇於棘門立捍爲幽王王園至吳戰擒假君不知去向此秦王政癸亥九年不韋復通太后進舍人嫪毐是夏毒作亂秦王擒裂於市遷太后於雍齊人茅焦強諫王迎太后歸徙不韋於蜀以手書賜死甲子下令逐客楚人李斯能省籀文之體十存其八爲之八分曰小篆更工五龍篆博通今古上書於王乃復其官韓公子非與斯同學於荀卿獻所著諸書王善之斯

△王敖

□趙王遷

□公子嘉

十王翦

□韓王安

忌其才譖下獄死斯薦大梁尉繚今在咸陽其自負甚高
不可屈以臣禮王乃賓禮召見館之别宮繚曰秦王豐準
長目鷙膺豺聲殘刻少恩不可與久遊一夕不辭而去館
吏報知王如失臂手遣飛車四出追還與之誓拜為太尉
主兵事其弟子皆拜大夫大出帑藏任其所用繚分遣王
敖等至列國厚賂其寵臣乙丑秦伐趙王召用廉頗郭開
受敖金沮之趙王憂而薨子遷立移公子嘉薦代守李牧
大敗秦師辛未秦王翦分道伐趙開復譖殺李牧翦圍邯
鄲韓王安懼納地入臣癸酉開勸趙王出降秦兵殺開分
其金穴嘉奔代郡為王東與燕合燕大子丹集亡命謀秦

十燕丹　衛人荊卿名軻善劍術丹厚禮求之軻乃以督亢地圖挾七
十荊軻　首入秦衆客餞之高漸離擊筑軻歌易水寒時白虹貫日
十高漸離　至咸陽獻圖行刺不克而死秦王命王翦伐燕走朝鮮燕
十王賁　王以僞首獻秦丙子翦謝病歸命其次子賁攻魏時魏景
口魏王假　閔王子假三年賁拔大梁虜假收野王地置衛角於胙城
李信　祀周先君後謚元秦謀伐楚用李信為將楚幽王立十年薨
口楚哀王　猶立為哀王其宗兄負芻殺猶自立用項燕為將項本姬姓之國
口楚負芻　齊滅之其子孫入楚用周文名章者為占候視日吉乃戰大破秦軍
十項燕　文曰秦時勢已去何能為哉遂逸去秦王强命王翦進兵
〇周章　燕敗奔淮上翦趨壽春破虜負芻燕募兵遇昌平君王同母弟

昌平君

蒙武

后勝

秦立於蘭陵今常州戊寅春翦令蒙武造船順下荊于昌平中

矣翦殲燕自刎翦兵至錫山掘地得古碑篆云

有錫兵天下爭無錫寧天下清旁刻小字云吳三客官銘

翦召土人問之云慧山之東峰自周東遷忽產鉛錫四百

年來取用不竭近日漸少翦歎曰天下從此寧矣但不識

吳三客官何人有此先見遂改名無錫乙郊下姑蘇渡浙

江畧定越地并定豫章班師回賜翦黃金田宅歸老是年

命賁平遼收代兵渡鴨綠江破平壤虜燕王喜喜以世傳

菱花照胆鏡獻之乃免死賁還兵攻代代王嘉被執自盡

賁順道伐齊長驅猝入齊相后勝多受秦間金勸王建迎

王離
降秦遷建於共城勝處斬秦封王賁王離子翦長
趙亥
趙亥蒙武等為列侯時庚辰二十六年六國悉并於秦議定尊號以為德兼三皇功過五帝統稱曰皇帝以謚法為非禮朕為

始皇帝
始皇帝後以世數計之天子自稱曰朕臣下奏事稱陛下先秣藍田之玉為九寶以昆吾刀切其文重召良工磨和氏璧為御璽命李斯篆其文曰受命於天既受永昌先命斯小篆為同天下書

喬使
時鸞霄國進善刻玉繪畫之工名喬使能含丹漱地即成鬼怪百物之象刻石為百獸之形毛鬣宛真嘗以絹畫成方寸之界於內畫嶽瀆之圖秦皇命之作璽方四寸其上勾交五龍之文精巧無比始皇服為至寶喬使又

與張僧繇畫龍四体

鄒衍

嘗刻玉為龍虎鳳寒鵲若飛皆不作目、云作目必飛走、始皇笑命以淳漆點兩玉虎各一眼旬日與裔使俱失所在、至明年西方獻二白虎各一目始皇發檻視之疑是先所失者乃刺殺檢其臆前果有元年銘記初齊人鄒衍論著始終五德之運始皇采用其說不知周實以木德王以為周得火德從所不勝秦應水德之運暗合嬴秦金德而生水也凡衣服旌旗俱尚黑水數六故器物尺寸俱用六數以建亥月朔為歲首朝賀皆於是月御諱政改正字音為征尉繚見始皇意盈事不師古歎曰秦雖得天下而氣已衰其能久乎與敖輩超然遠引始皇歎曰尉子終不滿朕耶何去之果也從李斯議分天下為三十六郡每郡置守尉一監察御史一東至海暨朝鮮西至臨洮羌中南至北嚮戶北據河為塞傍陰山至遼東徙天下豪富於咸陽安南象郡有阮翁仲者長二丈三尺六計度以補縣吏為督郵所笞歎曰大丈夫如是受辱耶欲北奔匈奴始皇聞其勇召拜臨洮尉至邊設備兆狄來犯仲挺戟橫揮狄人大敗皇命窮其類至冬有長人十二現於洮水身各五丈足履六尺皆夷狄之服大呼曰上天戒汝勿以吾族為可啖行將滅汝國也遂不見不數日仲病死皇哀之於是收天下甲兵銷為鐘鐻鑄金人十二每重千石二十四萬斤坐高二丈置

○宋無忌
東遊作引
○邵平

宮廷中以應其瑞鑄銅爲翁仲像置咸陽宮司馬門外匈奴使至見之皆下拜董卓椎破其十以鑄錢餘一者魏明帝欲移置洛金人下淚載至東霸城重不可致石虎徙於鄴苻堅又徙長安而銷之辛巳始皇欲省方觀民命駕先巡隴西從咸陽出寧州復西南至成州登鷄頭山又名雞頭遥望東南有祥雲問燕人宋無忌生有神異殁爲火精對曰龍文五采大貴之氣當巡東南以寶物厭之皇遂東還作極廟象天極也道通驪山作甘泉殿是歲治馳道東窮燕齊南極吳楚遣使至大宛買良馬壬午使者行至道中築役之夫多枉死者有鳥如烏數數啣草覆僵屍面即復活使者還持草奏聞再引皇示羣臣莫識有廣陵邵平召公後少與頼人甘羅茂孫同師

甘羅

白翟義渠

河南鬼谷子鬼谷謂平是燕昭後身因教平兵法羅學遊
說羅年十二爲呂不韋策士說燕趙獻汀間地秦王封爲
上卿以乃祖田宅賜之羅於淮陰城西北建一城在內鑄錢至今雨後常於土中得小錢狀
如鍾上有篆文不可識一夕羅忽夢紫衣吏持天符言奉上帝命召
歸天上掌記遂無疾而卒平仕秦爲將敗白翟主義渠於
碧鷄山關隴西北地置上郡王封平爲東陵侯平頗退居
長安青門種瓜自樂瓜種五色食可療飢却病侍臣曰東
陵平或能識辨此草召問之平見其葉似菰苗乃留臣師
鬼谷旁通萬類居北郭問之必識皇命齎草往問先生曰引起求仙
巨海祖洲瓊田中生養神芝一株可活一人即是也平還

⊙扶蘇

報皇欲逸入海求草再召之不在平曰師言將入蜀大峨山小隱著書時百花爭放皇遊上林倦而假寐忽一輪紅日墜前東來一青衣兒欲抱從南一紅衣兒大聲曰吾奉上帝勅抱此照臨下土青衣者努力連摔七十餘交被紅衣一拳打倒抱日南去始皇遥問誰氏子兒荅曰

帝堯之裔生於東南先入咸陽蜀中興義沙丘汝歸長安我住帝命簡在四百之禩

紅光遍野不知所在皇醒思東南王氣即命駕出巡留太子扶蘇監國李斯邵平隨駕博士數人載於後車以導見聞出河東上黨由東郡入齊薛二郡登泗水古鄒國之鄒

嶧山洞府瓌瓏巖竇奇峭召魯之諸儒生與議令李斯篆細篆刻石以頌功德酷暑難行遂於大野北山鑿石作四小閣深十餘丈爲避暑之所曰清涼洞入秋於咸少挫復至齊郡經泰山明堂問博士東嶽何神對曰天地既闢嶽瀆效靈五嶽之中岱宗爲最分掌人鬼等事故天子封山以祭天禪小山以祭山川祈福庇下民也皇曰聞黃帝行之朕豈不能命儒生議禮築土爲豐曰封示增高也除地爲撣曰禪示增廣也（後名其地博邑）皇令定其式乃築壇於泰山之上建墠於梁父撣曰由山陽而上一路多芝草玉石長津甘泉仙人之室有鬼神考謫之府始皇主祭尚玄酒而

西門惠

狙生魚李斯刻石作頌立而表之至今存泰嶽爲青（時無字碑）
帝祭畢而下風雨暴至有五松覆蔭如蓋皇休其下錫以
圍帶因封五大夫見一人從雨中來點濕不沾皇異問之
荅曰鄰人西門君惠（豹之後）臣有開山圖（奇書）中具山水脉絡達
此便能分流移谷呈上視之海嶽原流瞭然在目君惠曰
更得吾師之振山鍟（更是奇物）趲山鞭方可施展也皇問汝師何人
西門曰瑯琊安期生（引出箇）曾賣藥海邊時人呼爲千歲公與鉅
鹿徐道士爲友（又是一箇）或在彼處皇即下禪梁父觧所佩太阿劍
瘞於山下命西門導駕至彼安期已回阜鄉皇就召徐道
士野服來見皇喜其丰姿瀟灑言語投機細問其名字年

徐市

歲對曰臣名市古市字音與福近故後人作福市市字畫有別字君房年及數百

皇令侍駕從遊至海濱築臺以望洲島曰聞此中有長生

藥若爲致之市曰臣與期生曾到蓬萊方丈瀛洲三神山

見島中羣仙或乘鸞飼鶴跨鹿釣鰲與凡人同其間終歲

如春無有寒暑祖洲果有不死草服之壽與天齊皇喜出（說得動興）

皇外欲遣市入海求之市曰求藥非難得眞藥爲難蓋此

草不可多得要當致誠求之耳皇曰如能求得與鄉共食

爲仙不亦美乎市請今夕入海求神異物明旦即還僞爲

辭曰臣見海中大神言曰汝爲西皇使耶答曰然神曰汝

何求曰願請益壽藥神曰秦王禮薄得觀而不得取引臣

至東南一山見芝成宮闕有使者銅色而龍形光上照天
臣再拜問曰宜何資以獻神曰以令名男子若振女與百
工之事可得之矣皇遂其所請市請制大樓船十隻連結
偹諸色匠作童男女各一千五百名凡金寶飲食器用之（有大家業矣）
類悉具臣便趣行皇即齋戒傳令有司貿其樓船五穀種
種百工選民間子女十歲至十五歲者如其數築一城於
無棣邑安頓號州今城山（在鹽山）子女之父母悲痛相思皆欲
為亂不一月諸事完偹市率衆登船皇送至海上與訂返（騙殺）
期市曰海行甚疾頃刻千餘里不出一月可返遂揚帆而
去行道若為盜求財須用者

安期採金砂煉丹九年而成至通靈變化則藉艾花之力豈艾花反勝於金丹乎雖然又安知艾花之非金丹金丹之即艾花乎○

尉繚之於秦只用孫子反間一策遂成混一之功○

鬼谷不耐與始皇纏擾故指出草名即超然遠引君房延之等有心作戲故以漸而來最妙是徐市誆却許多男女財物渺邈而去是古來第一大拐子○

文章順行不若逆行之妙此節先將西門諸人撇播秦皇寫得極其熱鬧諸人之來去寫得極其飄忽然後叙明來由深得養局之法○

○○○鞭石驅山薄侍郎 ○○○送往迎來徐使者

始皇時登望海臺以瞻其歸西門惠又薦同門一人殷時薄姑氏之後名延字延之召拜古侍郎西門爲左侍郎薄延曰近島有龍芻駑馬食之日可行千里皇命採之只一日採回餵飼駑馬即矯健異常馳驟如翼延復言安期之神妙皇曰朕幾忘之欲命往召二侍郎曰吾師道高嘗以客禮遇之可來否則不得見也皇令有司築層臺於瑯琊山上後命二侍郎以厚幣迎至居之臺上始皇來見安期坐白鹿車相迎皇見其黃髮青睛登臺以賓禮請謁與語三日夜皆神仙事皇問徐市何去久不回安期曰此草食解

爲用多安
期少令人
不測

之者不可再得市已曾食過或諸仙不與也我當爲子再
得好
往剖明其故始皇問用人衆幾何安期曰數人一船足矣
始皇給金帛數萬安期至阜鄉悉散於鄉人數從者隨之
實惠
駕海行未百里安期留書一函赤玉舄一令報始皇以一
鞭一鐸寄付蒲侍郎遂跨入海中顧謂從者曰歸語始皇
故顯神通
復千歲來求我於蓬萊山下緩步臨波而去忽颶風大作
取笑得好
從者退回東岸始皇聞報訝曰安子欺吾耶何言千歲來
豈不
求西門曰陛下得食靈藥當以萬歲爲期千歲猶瞬息耳
騙殺痴人
始皇喜立祠於阜鄉亭并海邊十餘處見琅耶臺特出東
枕大海四覽皆盡留居三月徙黔首三萬戶散居臺下以

海神

龍魚鹽之利令李斯立石頌德復欲窮海西之地至膠末之東是夜月明如晝設享禮祭月於之萊山之懸崖斯作篆記事（山上有古篆莫可講）因建月主祠於萊陰過黃腄（古萊子國）登之罘山三面距海斯作銘刻石記功至不夜城建宮築臺（文登有秦皇宮望海臺）召文士登山論功頌德以自誇炫名其山文登建一閣於丹崖山以望蓬萊博士言海中有蜃魚吐氣幻成樓臺名曰海市（每歲辰月之晨蜃氣映日之光）（方不可小）始皇急欲見之薄侍郎曰臣能致之書簡投於海神次晨果現聚觀良久皇憶抱呂之夢曰日本君象出於扶桑朕欲過海觀之可乎薄曰（說得容易）此何難哉臣能驅石下海造一石橋渡陛下東遊於是按

君無博士亦
一朋果然
夜跨海之
梁乎

開山圖分𡶴觀向搖振山鐸即時林谷振動掣起趕山鞭
陽城一山巨石嶷嶷立起狀似東傾相隨而走石不速駛
者輒以鞭鞭之石皆流血（至今山石猶赤）侍郎既排山至海欲建
石橋非人功可爲復召海神豎柱駕梁皆來服役始皇感
其靈應求與相見海神隱隱答曰我形醜莫使圖我形當
與皇帝會皇允之忽現出石塘萬丈橫亘海面皇乘龍駒
之馬帶博士數人從塘入海三十餘里與海神相遇左右
有巧於畫者聞前魯董師曾留神像於渭水亦潛以足畫
其形狀神窺見怒曰帝負我約欲使魯仙鄉來制我耶可
速回不爾即下陷皇見機撥馬奔還甫至岸後已崩陷博

〔十〕陽侯 〔十一〕川后 〔十二〕波臣

士皆溺死西門侍郎曰夫神者當畏如雷霆敬如父母則能役之如部兵（是法官語）今博士無知致觸神靈遂曰波浪翻空皇問神何名如此肆虐西門曰王者以道治天下其鬼不神非其鬼不神其神不能傷人今海神陽侯以陛下見欺故令川后波臣作狂皇乃立陽主祠於之罘建海神廟於文登山下海中所驅衆石但岌岌東向皆不復動終不能成（掃與）橋皇因名窮海一山曰成山常至此以望橋成又建陽主祠於成山（成山之巔有秦皇飲馬池）其時久駐東海博士譜曰薄侍郎能鞭石致神（推辭故然）再令施術自有處分皇召謀之延曰甚易須得左侍郎同往還假法鞭一用如倔強即鞭之三般法寶

自試用後始皇愛而收之今出鞭與延笑謂西門曰卿能一行否西門應聲願往遂與延同上成山見一石如馬鞍先後跨上以鞭連擊如飛往海中欻去不一炊許如盆中一黒豆亂滚轉眼已不見矣初安期生與焦先趙廓於陜河拜見老君言及秦幷六國猶欲厭東南王氣安期曰秦政殘虐弟子願促其亡以救生靈彼富貴已極惟望長生我即餌以斯道其神可奪矣老君曰以此攻之無不克者我有三法寶贈子爲攻畧之具焦先曰我將與趙子隱於河東時聆道君教誨安期收法寶同琅琊路遇齊人徐市究其本來始知爲當日貸於老君之徐甲悔悟自修改名

市賣藥於青蕪遂與期爲友期建亭於阜鄉賣藥既得西門薄姑爲徒各與大丹服之能飛騰變化値始皇東行安期以開山圖與西門先往輾轉相引初舉徐市出見許求不死藥入海逕至亶洲一島就平原廣澤處將童男女配合使百工匠作置造宮室衣服器血以爲居處教其耕種蠶桑後生息蕃衍自成一國（洲上有數萬家名徐市島常來海西貿易）君忠薄延誘出遯山鞭奔回徐市島安期亦在謂曰二寶猶陷於彼何以覆旨市曰秦皇驕盈今將渡淮而西南可教熒惑以謠言惑之戲便取同也衆曰然遂渡海西預往佈置以待其來始皇不勝焦躁常踞文登山巔盼望偶顧東南見

雲文如龍想起星氣放下求仙乃南巡碭郡豐沛密諭諸
引
守尉察有相奇貌異者即拘之究問嚴查並無影響有報
之他往
泗水夜光冲天皇曰豫鼎況泗今復發光鼎將歸朕也遂
番去
還過彭城齋戒禱祀使數千人沒水求之弗獲皇歎息抱
愧欲巡南嶽渡淮水南行由赤鼻山至九江郡開廬山之
勝登遊石梁瀑布至上霄峰贊曰山水之奇秀甲於天下
矣登舟從渝水西行中流忽有物膠舟舟人沒水探看滿
奇哉
江皆山根石笋後船俱不能動去岸甚遠無從攀援左右
正要比物
曰何不用振山鐸皇悟取鐸自立船頭搖之發聲如雷水
湧船舩皇失手墜鐸於水忙令人撈取深不可測並無山
更

羅君用

羅女

羅子

石阭磯漢晉時有漁人入水捕魚見鐘類鐸、觸之不見、後每值之、欲取即逸、過長沙郡、至楊朱泣岐路處、始抵衡山、上岣嶁峯、覽仙靈遺跡、時癸未十一月、鴻鴈至衡陽不過峯去、有回雁峯、皇歎曰、禽鳥不出徼外、不可往矣、發駕北回、以星沙地為湘縣、由湘南至羅縣、古羅國地、長沙郡監察御史按見奏、土俗民風言羅子之後名君用者、作武陵令、赴任至湘江溺死、其女携弟繞江尋屍不得、亦沉水死、皇稱其孝、登巨舟浮江、將出洞庭湖口、遠望湘山祠、湘君祠、居湖中、曰君山、上有十二峯、舜二妃之墓在焉、忽大風作、巨舟幾覆、不能渡、皇沉白璧於江、風波乃息、皇問博士湘君何神、博士曰、聞是堯之二女舜陟方死、二妃泣而自溺、葬於此、俗

一死於夫
一死於父
節孝果宜
配享
從天而降

謂湘君皇怒曰婦死於夫宜也何以祠爲使刑徒三千毀
其祠盡伐其樹而赭其山翼日乃渡湘水劉表建廟於黃陵以祀二妃宋
時贈羅女孝烈靈妃亦建祠焉西北過南郡入武關歸咸陽每念入海者
久無消息時值陽和復命駕東遊有司整儀仗自三川郡
東至陽武博浪沙（怖人）忽似霹靂一聲擊從車粉（謊殺）碎侍衛大呼
見一鐵椎約重百斤陷入地尺許皇大驚急令捕賊大索
十日乃已皇欲回恐天下笑其氣餒多用副車混雜自酸
棗陳留過東郡薛郡齊郡遠於海隅重登之罘山復令從
臣作頌刻石旋往琅琊東郡沙麓至邯鄲郡有盲者善筑
求爲樂工令擊之其聲悲壯令載之後車從上黨河東而

仙祖神通、彼小仙可、庋

天地爲一室、

同甲申冬、召聾者擊筑便殿、賜坐於旁、其人將筑向上劈
打皇格開、此武士擒下拷問、乃高漸離也、變姓名爲人傭
高生、亦奇士也、
保、薰盲二目、筑中注鉛、謀刺無成、被殺、自此防衛更密、安
期諸人潛踪候隙、無奈自失鞭鐸、後將圖珍藏內府、安期
不欲暗地取回、乃與三人至陝河濱、將鞭繳還、并述渝水
西、借山石阻舟、收鐸墜水、即無覓處、未能取回、爲罪、河上
公曰、我已收之矣、凡山川之靈秀者、即仙家之外府、隨處
可藏、用時便取、不必定貯囊間也、安期等拜服、時有三人
拱立於後、皆來作禮、徐市動問姓氏、公曰、即厲王時唐葛
應前
周三諫官、所謂吳三客官也、菁卷隱離里山洞、招三宮坐

古今如瞬息

送迎使者

△賈氏

△卓氏

足後許其石立道成一坐六百年卷赴須彌會託其守洞
歸時石自起立卷遣其出遊必有遇合前月至廬見其機
法活潑欲令投一有根行胞胎試其能悟前因方可成道
正言間從北空中騎仗簇擁（接得飄忽）一位眞人下車入謁乃度世
君司馬生拜畢啟曰黃老聞道君言沈羲茅濛道行充足
故來召歸受職公曰沈羲遠在會稽鄉可往召茅濛在通
我當令人召之公謂徐市曰汝能自勉得有今日不枉當
年隨我今汝爲送迎使者可至須彌拜見黃老薄延亦欲
同姓三人各乘車駕空而去沈羲自蜀歸吳年餘適與妻
賈氏同載詣子婦卓孔家歸途逢車從數十皆朱衣持矛

○碧落侍郎

帶劒輝赫滿道問羲曰是道士沈羲否羲愕然曰何以問之從騎曰君有功於民心不忘道從生以來履行無過黃老老君遣仙官下迎授君爲碧落侍郎遂一指明曰青龍車者司馬度世君也白虎車者送迎使者徐君也白鹿車者薄侍郎也仰盼車中三仙人羽衣秉節捧白玉版青玉界丹玉字以授羲羲遂載其夫婦白日昇天爾時田間耕者但見大霧迷空少頃霧解車傍一牛在田中食禾有識是沈羲車牛奔告其家子弟大驚恐是邪魅引入山谷宗族數百人分布百里內外求之不得三君引羲至河上拜見老君茅濛已爲唐葛周迎至時甲申九月庚子日也遂命

敘出四皓
舟里先生
夏黃公
綺里季
東園公
安期有興

徐市輔司馬君送羲夫婦與漾往須彌薄延問曰奉使入吳路經離里意必善卷在洞何以門徑蕭然唐宏曰吾師與洞庭山舟里先生往來云是泰伯後姓周名述字元道先生與甪東鄞縣夏黃公有交公姓崔名廣字少通有一翁吾師同會綺里季者行高自足姓吳名實字子景吾師年最長問其姓名曰唐秉字宣明道號東園公五人常相聚遨遊諸勝河上公曰四子雖非能左右嶓冢嶓冢乃漢水源故云然欲正名定分所必需也安期曰若非柱石便無經濟我將東尋智勇之士為時佐命早除强暴也唐葛周亦欲同去公曰安子欲立功救濟是其夙昔之志爾三子何必東去

○第偃
○茅熹

當西入咸陽覓一立身之處三官請問曰天下之大獨命咸陽謂是都會耶公曰從來大壽歸於廣生（至言）○至眞產於世○德茅初成少居咸陽其子偃（字泰能濛第四子仕秦昭王為舍人遷車騎校尉長平侯）其孫熹（字世倫仕莊襄王為廣信侯始皇即位以為德信侯生六子不知名）如果世澤不替即可借寓於彼○所謂金以治而增輝○自然名震秦華三官辭往咸陽二侍郎留居陜河安期隨路賣藥至碭郡尋見琴高將別後事細述高言自南海乘雙赤角鯉飛至九江一鯉飛倦於浮石巖間忽化為石（撫州崇仁有鯉石）畢竟一鯉潛行一晝夜從水底躍出已是鄣郡涇溪挎之升岸其鯉亦化為石（涇縣側有石臺相傳高控鯉昇處故曰琴溪）居涇三年復遊碭郡引集

劉煓

王含

劉伯

劉仲

十劉邦

呂文

舊時弟子或醉歌城市或笑傲山林以探春光消息耳安期曰可識眞命如何高曰東南之氣果聚於豐沛有劉煓者字執嘉與妻夜息大澤之陂妻王氏除劉夢與神通忽雷電晦暝煓驚視有赤龍飛天熅遂有娠後生子名邦子先有二子曰伯曰仲因字季其狀隆頰龍顏美鬚髯左股有七十二黑子愛人喜施豁達大度是一無賴不事家人生產好酒色人多狎侮及壯補吏爲泗上亭長喜擊筑學於高漸離漸離入咸陽季晴隨之縱觀秦之富貴歎曰大丈夫當如是也漸離被殺即潛歸有單父呂文字叔平見季狀貌甚奇重敬之曰臣有息女少有異徵嘗挈家遊洛池有寶鷄啣赤珠石出上刻日

力人亦奇

蕭何
曹參
王陵
季布

英取吞而生長女顏名玉英頗以妻子季遂娶之時秦始東遊厭氣季亡匿芒碭山澤顏每求得之季怪問顏曰所更名雉居上有雲氣季嘗被酒夜經澤中有大蛇當道季拔劍斬之有人夜至蛇所有嫗哭曰吾子爲赤帝子所斬其人叱之嫗忽不見豐縣有斬蛇溝人以告季季心自負沛中子弟多欲附者嘗是受命之器惜往咸陽徭役若在子可決其眞僞安期曰公所鑒極是問其年幾何高曰約近四十安期計之與老君所言相合又曰未識其主先察其臣如附從者約出諸人皆將相材乎高曰誠如是可以無疑豐人蕭何沛人曹參皆爲吏掾明斷通達王陵之剛毅季布之然諾周勃厚重

九

樊噲

呂嬃

盧綰

項羽

深沉樊噲勇力莫直噲曾亦娶呂公少女嬃盧綰家與季同里又同日生壯而相愛此數子皆一時人傑更可怪者近遊下相（古鍾離國今宿遷）遇一人鐵臉虬髯重瞳雷咳楚項燕之孫籍字羽身長丈餘力能扛鼎材若是德如何

椎秦博浪傳書圯上人知之矣而椎秦之人與傳書之老則未知其來歷也觀此知狙擊無形索之不得乃如是之人也向之快快於胸者一旦爲之釋然至於黃石赤松之爲一人則辟穀從遊信非虛語

所節安期諸人於事後發明此節四皓劉項諸人於事前提挈操縱在我極行文之妙

陳勝
吳廣
田韓信

○○遣儒生秦始求仙○○變神書王君留篆
既非眞命又非佐命教人測度不出安期問今何在高曰
近聞避仇吳中安期即往會稽五日而返謂高曰項籍剛
而不果接人多姁姁匹夫之勇耳吾說之曰君之勇畧宜
韜韜自愛歸命眞主不失王侯之貴籍怒曰大丈夫當自
有志氣
英輕視之
爲之肯向他人簷下過耶吾前過陽城人言陳勝吳廣有
大志及見之庸甚籍亦陳吳之流作伐秦之斧斤爲眞命
之先驅耳然其勇力知兵廉李莫及劉季雖有蕭曹王樊
之輩恐難於驅除也高曰同門尉繚子於數日前率王放
東遊尋來會我言淮陰韓信是韓國王孫家貧業釣有謀

漂毋

一張良
二張侯
三張老
三張君巫
三張趯
三張骼
三張抑朔
三張開地
三張平

滄海公

畧嘗乞食於漂毋受侮於胯下纔以兵法寶劍贈之入遊至下邳有一少年美若婦人英敏非汎未敢率意施教因入黃石山質問未知如何盍往探之安期欣然偕行張良字子房宣王時鄉士張仲是其始祖仲之後張侯仕晉為大夫侯生老老生君巫巫生趯趯生骼其孫曰抑朔至三卿分晉張氏事韓張開地相昭侯及宣惠王襄王開地子平相釐王悼惠王平生良父祖相韓五世及秦滅韓良欲報仇即破產廣求刺客得力士滄海公陳人黎姓膂力矯捷善於百步外飛椎擊人良用千金結交令狙擊秦王辛未仲春於博浪沙悞中副車即飛身走脫別良入東海島

中立業後爲琉球國主張良易姓爲長走匿下邳項伯家燕第三子事
稍弛出遊嶧陽孤桐之下尉繚見之往報黃石公言良卓
犖絶[illegible]伊旦之儔但恐其柔弱不勝公曰
柔能制剛弱能制強柔者德也剛者賊也弱者仁之助也
強者怨之歸也果能柔弱方爲道器公乃策杖至沂水圯
上見一人步遊如繚所言故墜一履於橋下顧呼良曰孺
子爲我取之良素不知詐愕然欲毆之爲其老而迥異強
忍下取而進未舉步履復墮又令良取良殊驚因跪進焉
老人以足承受覷良畧無難色笑曰孺子可教指橋側大
樹曰後五日平明期此與汝言良愈怪跪曰諾至五日良

平往見老人坐樹下曰與長者約何後汝且退又五日當
早會良至第五日雞始鳴戴星而往老者已先在怒責曰
何惰若此更五日來屆期良乃先夜不寐即往伺之夜半
老人至良跪而請教老人喜曰當如是聞子使力士擊秦
無異燕丹幾不免禍曷為出此乃與一石枕曰細玩是中
他日可為王者師功成身退可更晤也良請姓氏老人曰
回問淮陽老人應曜便知後十三年濟北大谷城東葬一
國君時所見即我也言訖而去良東至淮陽尋見應曜細
述其故曜曰若此是吾兒赤松子也良再問曜作龍鍾老
態含糊不答良至涿地黃山玉室洞天隱跡出所授執中

一編秘書讀之乃黃帝兵法并素書揣摩盡得其妙中有風后所演奇門遁甲一千八十局太公刪成七十二局良又約爲一十八局期年復歸山東安琴來會黃石適從下邳回問之黃石曰此我友之徒風后也欲爲佐命故降於此琴高想須彌言黙頭會意安期曰聞秦政有疾當以送藥爲由取回法寶高曰我將浮遊碣石還種龍子於涿水誓救旱災道長曾爲雨師能偕遊乎黃石曰近有小事不克相陪二人問之公曰前至陳市見酒婦女几頗好道因（是付張良者乎）過其家以素書五卷質酒女几私啟依訣修三年顏更少如二十許人數歲復往謂之曰盜道無師有翅不飛几感

陳市酒婦
梁市酒客
却好一對
黃石可謂賓此

涉正

羨門子

高誓

悟即拜我為師引入河南山中修煉令山即名女几欲往達司命
魏眞君配張君湛共修大丹高曰此吾故友當往相賀遂
辭去安期投咸陽賣藥至藍田遇巴東涉正字玄眞墨子
之徒嘗從遊五嶽諸名勝聞始皇好遊欲詣闕掊陳山川
脉理安期聞其師亦焦先弟子乃將紅鉛藥一丸赤玉舄
一量寄與秦皇託其委曲誘出開山圖若問及言羨門子
所寄已往碣石龍門閒訪其友高誓矣正受藥舄而去時
乙酉冬十二月始皇自被漸離所驚成怔忡疾太子重慕
醫士涉正進上鉛藥服之霍愈自是親幸無比正以玉舄
獻皇似見過命內侍將安期所贈者合視恰一兩雙而藏

先有三道人作歌於都市曰

神仙得者茅初成駕龍上升入太清時下玄洲戲赤城

繼世而往在我盈帝若學之臘嘉平 此歌爲七言古詩之倡

市吏欲執之不見爲皇有疾未奏至是上聞或諛曰此神仙之語陛下應得長生也於是更臘月曰嘉平皇問涉正曰前遣諸人入海不返何也正曰海中有長鯨身如崔嵬之山額鼻高於丘嶽鬐鬣揚波噴雷吸霧樓舡或爲其所吞丙戌三月引渭水爲池築蓬瀛諸山刻石爲鯨長二百丈登之而遊池側建蘭池宮休憩其間皇微行夜逢盜數輩稱信陵門客皇窘甚賴四武士力戰乘隙走脫被驚怔

盧敖

韓終

侯公

石生

忡復發問正取藥正曰羨門子言養神芝合成令住碣石曾友高誓奏皇曰海中之藥難求國內之仙易致是秋命駕出上黨大原由鉅鹿漁陽過遼西右北平薄遼東停駕碣石黜儒士四員分發尋覓羨門高誓東使燕人盧生敖各西使韓人韓終韓宗族一作衆魏人侯公往北夷門監羸之子衛人石生往南石碏之後皇謂東北地勢高下不平民無田疇之利命墮城郭決川源夷險阻定土域使修耕種之業刻立於碣石之門垂為永法遂還駕北巡趨上谷代郡鴈門直抵雲中耀兵於方山匈奴畏威遣使獻百丈旗旛皇令小胡效試舞初猶見人在銀窟跳躍至後似白霧迷漫皇喜留為供

北地上鄰而入內史盧敖奉命尋羨高遂遊於北海經太陰入玄闕至蒙穀山上見一人深目玄準一作鬢鳶肩修頸豊上而殺下欣欣軒軒方迎風而舞顧見敖翻然下脩遁於大石碑下蹀坐龜殼邊食蛤蜊盧就而與語曰敖幼好道背羣離衆窮觀六合周遊四極唯北極未窺今覩夫子於此殆可與敖爲友乎其人艴然而笑曰嘻子中州之民以爲遠涉來此此猶窔與之間也我南遊乎罔㴔之野北息乎沉默之鄉西窮窈冥之室東貫鴻洞之光其下無地其上無天視焉無見聽焉無聞我行一舉而千萬餘里猶未究其遠長子始遊於此乃語窮觀豈不陋哉盧

此人竟無著落

若士

愧曰以是言之吾比夫子猶黃鵠之與壤蟲也終日甯行不離咫尺而自以為遠不亦悲乎敢問夫子何如人得蕩佚若此答曰吾非古仙人即宋墨子復受道於白石生自號曰若士汗漫而遊八荒五嶽子如不信與子期於九陔（此人愈放蕩矣）之上舉臂竦身入雲盧仰視頃刻不見下山復回中國極渤海濱尋求不得訪問父老對曰中原久無仙人或海島中有之盧即稱銜命入海令有司辦船至中流忽起北風驚濤疊疊烟霧茫茫不能前往盧回船登岸獨行至泰岱上東華絕頂見有人蓬髮臥石上見敖問來何盧曰奉命訪不死藥其人笑曰天數默定世上安有不死藥乎何

蒙恬
蒙毅
任囂
史祿

慄之甚、盧聽其言不凡、跪求指示、其人立起、推石成洞、進取冊書、囑曰、可與秦始詳看存滅之機在焉、言畢仍卧石上、更欲問、合眼不動如石、乃袖冊回咸陽、始皇巡北方歸、召問之、盧詐言東至海中蓬萊之藥可得、爲大鮫魚所苦、船幾爲吞、故不得至、上泰山遇一異人、授冊、皇閱其書文皆蝌蚪、命李斯詳繹字義、乃歷代轉運圖記、中有一言曰亡秦者胡也、皇謂患在北胡、遂使蒙恬武之爲將、弟毅爲副、北擊胡人、畧取河南（靈夏勝等州）、丁亥、遣任囂畧陸梁之地、（嶺南人多處山陸其性强梁故曰陸梁）以囂爲南海郡尉、又發諸嘗逋亡人、及贅壻賈人、共三十萬、修築五嶺、（臺嶺始安臨賀揭陽桂陽）更命史祿

屠睢

監鑿靈渠深入、持久糧乏、越人奮擊大敗、賴龍川令趙屠睢音雖屯卒戍嶺而援、嚚力舉睢能皇即命其將樓舡之士、踰嶺南攻百越、置桂林象郡、睢知中國勞極、不久亂起、勸嚚上書求民間無夫之女三萬、以爲士卒補衣、皇與其半、百姓乃解。是歲彗星復見西方、羣臣請禳制、禁不得祀、戌子皇重慮北患、令恬築長城爲障蔽、自臨洮至遼陽止、延袤萬里、南海進優人各旃、身短捷給、善戲謔、皇以爲弄臣、天寒雨雪、皇置酒殿上、陛楯者皆沾濕、旃見而哀之、有頃、羣臣皆上壽呼萬歲、旃臨檻曰、陛楯郎、應曰諾、旃曰汝雖長何益、幸雨立。我雖短也幸休居。於是皇令其得半相代、

三月復置酒咸陽宮有博士淳于越進言封建之事皇下
其議時李斯為左丞相上書言迂儒不師今而學古惑亂
黔首臣請史官非秦記皆燒之皇降制天下有藏書百家
語者悉持詣守尉燒之偶語詩書者棄市以古非今者族
所不去者醫筮種樹之書欲學法令者以吏為師己丑使
蒙恬開治直道作朝宮於渭南上林苑中議曠苑囿優旃
曰善多縱禽獸於其中寇從東方來令麋鹿觸之足矣皇
乃止先作前殿於阿房之基關中外計宮七百餘所盧生
說曰臣聞溺富貴者不獲永命為造物所忌也故人主宜
為微行以辟惡鬼惡鬼乃聲色玩好也辟則真人至人主

饒舌爲罪甚大、

世事々已非相期就岩谷、

所居、而人臣知之、則害於神、願所居之宮、毋令人知、然後不死之藥可得也、始皇苦慕眞人、自謂眞人、而不稱朕尊盧生爲仙友、凡所行幸、有言其處者、罪至死、盧生本欲清淨息民、反致中人遭戮、心甚不安、時侯公自北回、言經女牂之山有鳥、狀如翟五彩文、名鸞鳥、見則天下安寧、皇喜、仍令爲博士、侯立心仁厚、素與盧善、乃相與譏議、同弃長沙之邵陵雲山隱焉、上有七十二峯煉丹井飛昇臺掃壇竹皆其遺跡、皇聞盧侯亡去、大怒曰、朕尊賜之甚厚、乃誹謗而去、使案問諸生、轉相告引、皆坑殺之、太子諫曰、諸生誦法孔子、今以重法繩之、臣恐天下不安、皇怒、使北監蒙恬軍、庚寅四月、熒惑守

李冰

東郡有星隕地化爲石或夜刻其上曰始皇死而地分
守尉申聞令盡殺石旁居民而燔其石皇意殊不樂使博
士作遊仙眞人之詩令樂工隨路絃歌是秋有使者從關
東來夜過華陰平舒道有人持璧遮曰爲吾遺鎬池君因
言明年祖龍死問其故置璧於地恍惚不見使者奉璧具
聞皇默然良久曰山鬼固不過知一歲事也退言曰祖龍
者人之先也使御府視璧乃二十九年南渡湘江所沉之
璧也皇驚疑令太史卜之卦得遊徙爲吉乃遷河北榆中
三萬家以應之時蜀郡守臣具告連年江水爲患皇下議
治法涉正曰臣舉巴東李冰得其仙祖八百遺術能驅馳

⊗江南伯

●范夫

孟姜

雲龍皇召爲郡守、冰至蜀聞水神稱江南伯、冰即鑿山導江江神怒化大牛出沒水上冰操刀入水鬬殺之提牛首而出因立五石犀於水旁厭之誓曰淺毋至足深毋至有由是水患息在彭縣誓水碑復鑿離堆避沫水之害疏二水以灌田蜀人賴之未幾病卒皇哀之立祠於蜀後追加司空相國時役天下民夫以築長城日暴夜露僵屍枕藉有齊人范姓者役死於右北平其妻孟姜尋夫至此聞已死哭之哀慟城為之崩乃抱范骸骨自沉於水山海衛長城北石上有婦人跡築至武周城將成而崩者數次忽有馬馳走周旋反覆異之因其跡以築乃不崩遂名馬邑後至遼東濱海更令入海數里以

⊙趙高

王次仲

程邈

毛穎

丹盛生鐵，況海作基，築土爲城，是秋，長城工畢，具表告諭，
皇閱表驚異，遍示羣臣曰，丞相斯之書，方圓妙絶，若古欽
倚物，今此書如驚波往來，巨石前卻，何逈新境若是，內侍（識貨）
趙高亦善書，見而歎服，皇遣使徵召其人，姓王名仲，字次
仲，居上谷郡版泉道北之大夏山中（大夏小夏二山相連），年如弱冠，
以世之篆文難以速就，變其文，自成一體，人罕得見，燕人
程邈師事之，畧得其傳，恬慕仲名，徒步往謁，邀至軍中記
錄，邈以文牘繁多，因減小篆佐用，聞中山毛穎精造良筆，
訪載以歸，穎造蒼毫之筆以贈，邈特以鹿毛爲柱，羊毛爲
被，初散亂不就，怒拔垩塹中，越宿出之乃成，（楚曰聿，吳曰不律，燕曰弗）

魯曰筆蠹滅前代之美故恬得稱聿曰書成字不律筆如刀

秦始初不好道而妄欲求仙皆知所以非之矣比於後之俊談修鍊而念念貪痴者其當亦無異然或有因其言而專心求道者則甚似始皇所遣之四人遂一俱能有造也。

次仲既為應元親第所作之書宜云雷篆遞師之而隸書傳世以遞為李斯之徒寃哉

南海索去萬五千女而進一短優報之其言大能悟主。酬酢廣為相抵。

○○○ 續道術涉正搖山 ○○○ 發孔陵秦始皇志（胡詩）

聞召仲欲隱去恬逸使者覆言不欲就召皇命轞車徵之詔使至山仲謂曰秦始何人敢肆無禮予乃應元真君之弟今高飛去矣遂化一大鳥振翼飛起使者驚拜曰無以復命亦恐見殺惟神人憫之鳥徘徊空中故落三翮於山下望東南而去使者得墮翮以進皇聞其變化頗有悔心名其山曰大翮立祠祀之恬送程邈至咸陽將爲徒隸皇偶令作書與仲類似拜爲侍郎命作尚方大篆寵幸特甚曰隸書又曰八分李斯忌其才欲暗謀之忽失其所在恬薦毛穎於朝封諸管城號中書君皇論長城功命恬還鎮上郡扶

馮去疾
斷橋曰也

蘇仍令監兵皇謂西北既定復欲出巡東南涉正笑曰陛
下欲絶王氣誠恐眞命既生終不可獲所謂王者不死也
偏直說妙
夫天之雲氣皆從山川中出蓋靈秀之區其氣王萃蘊既
久則生其人凡王氣所在餘及四旁附生英俊爲王者之
用豈淺見所能窺測皇曰若何而可正曰斷木者伐其根
治病者究其本須鑿斷山川脉理䟽泄其氣則王者不出
引他出門好取開山圖
出必無成矣皇命再巡豊沛正曰臣少事墨子從遊二百
餘年熟知山川根源常觀察王氣遍於東南豈特豊沛耶
辛邜十月命李斯從駕右丞相馮去疾居守少子胡亥請
從東陵侯邵平亦請侍行省諸博士皆從癸亥日啟行正

○巢姥

[illegible]陛下有開山圖帶以開鑿甚便皇然之出函谷關經三川南陽十一月至南郡雲夢藪荊州大澤皇曰前經湘山祠逆怒伐樹焚山致結湘君之怨不受沉璧常忍虞舜古賢帝也封我伯翳命脩太牢望九嶷以祀復浮江東下至九江古舒國觀狼籍柯盧之地欲登北岸直上先從碭沛鑿起見一大湖橫亘於前問土人對曰此地古巢伯國近日江水暴漲水退一巨魚不得去衆皆割食獨一姥好善不食遇老人告曰此魚吾子也不幸罹此汝不食其肉吾故報汝但看東門石龜目赤此城當陷汝須速避言訖不見姥日往視之知者竊笑有稚子戲以朱塗龜目姥見而急

登孤山顧巢城已陷爲湖周圍四百餘里更連白湖即名巢湖土人因瀕湖而居名爲居巢正曰鑿山必按圖開報
洞全眞主
非妄意毀掘千觸仙靈宅窟以取災咎聞淮泗每多蛟龍出沒恐驚聖駕況東南王氣鍾於金陵不若先往彼處然皇亦畏龍神威靈遂不敢北行浮江至鄣郡界盤過鳩茲邑口渡江渚登陸歇馬金陵令鑄金人高一丈瘞於崗下百姓以穀粟飼馬因改金陵爲秣陵率羣臣登方山眺望正曰此山天然印璽天子之寶當疏淮水以斷脉星今宋衣二千人鑿之其所引之水曰秦淮皇至句曲三峰登小峰之北垂而望喟然歎曰山水之良古今長在人則不能

梆枝

然也各其山曰良長渡練瀆納長山諸水七十二流注於海。由雲陽曲阿以至谷陽涉正言其地有王氣皇飛召三千赭衣之徒其時囚服皆赭。鑿京峴山為長坑。漢名其地曰丹徒其南置郡曰丹陽。十二月復南至荊溪陽羨延陵無錫正月至古吳國都。時置為會稽郡治東漢從治山陰。吳中子弟聚觀如堵。始皇闢閶閭以魚腸劍殉葬海湧峰欲發冢取之。不知何所。乃出開山圖詳觀知穴在西北隅。懸圖石壁。令照開鑿。深未數丈。泉水湧出。後名劍池。呼軍士沒水探測。皆未及底而起。蔡善泅者梆枝入水摸索良久偶動機括。忽墓門大啟。無數利刃飛躍而出。崖畔之人傷損極多。可怪利刃如蛇入穴。仍歸泉底。開山圖割斷

完涉正心事

絨繩墜下不見梆枝左股透傷逾日即死始皇留會稽七日東行經古婁子國指西鹿城一山曰此山絕似二侍郎乘以入海之石（馬鞍山）登南武城南山望海（松江城）轉西至細林山（後名神山）登之見衆山環揖歎曰法寶盡失逢此勝地惜不能博一奇觀正曰臣受墨子拂袖揺山之法爲陛下一試可乎皇大喜促令爲之正納退諸人舉袖一揮起陣清風頃刻羣山皆舞惟一山據九峰之首延頸舒翼宛若鳳翥皇拍掌稱奇忽劈風拳雨大至從者急扶下山正曰相傳大橫山有洞下通澱湖每風雨之夕有白龍出入今振動之或驚而出走也皇欲傳揺山法正曰是不難衣臣之

衣便能也皇視其衣腌鑽不堪辭曰得卿之神法寶如奎矣遂離妻東復至禦兒地府夜見一星如火正曰熒惑星現則有火災令鑿一湖制之名天星湖復東遊至長水塘有童子謠曰

水水水流入市水市出天子

皇急令枸來已無蹤影正詭曰五百年後之事非驗於今時陛下且乘舟以應之再赦死囚十萬徙居於此厭汚其地皇令出重囚赦流於此築城以居表以惡名曰由拳駕舟過當湖市改曰平湖至海塩就陸登山以望海名秦駐山聞孤城有烏氏居上若村程氏居下若村善釀遣人取嘗果美因以鴻

程名其地更由水道至石䑽山檥舟上岸步至錢唐望海
羣峰環列天目在望令李斯作篆刻石以紀事功遂臨浙
江(源發歙縣曲折而東入海故名)值水波洶惡轉西從上流峽中而渡至
山陰道上會稽委宛祭大禹之廟立石頌秦功德登高望
於南海東至剡山見山石稍異即令鑿之由上虞餘姚四
明山入句章(越甬東地)登大蓬山(上產香草又名香山)四望海天無際呈
欲自此入海以遠蓬萊(後名達蓬)命造巨艦數隻相連釘就偹
應用之物同侍臣入海未幾遠見三峰如蕚至近有花盛
開綺麗奪目疑即三神仙島(margin: 如此方令心死)忽濤聲如雷一砥柱矻立水
滙於旁忙令停舟候望狂風大吼三日不止令水手沿海

間行數日至東南極處挽舟從連江入港至九龍山上匡復令鑿斷此山水中得蘆一莖長數丈斷之有血因名山峽曰荻蘆四月皇偶染寒疾乃撐駕小舟從內江還過越吳五月下旬行及廣陵邵平來歸老皇允之平還家教宗姓子弟偏種荷蕖芙於湖蕩花時以資遊賞更有藕茄遊蓉蓮實之利後復遊青門秦人猶有識為故侯者六月皇病少差循岸登陸置郵於邗溝○高郵有秦郵亭至淮陰傍海北上抵琅琊皇夢與東海龍神交戰見其威力峻發方欲走避一赤龍自天而降弁已與龍並食之大驚而醒召博士問之曰水神不可見以大魚蛟龍為候陛下禱祠甚謹而有此凶夢當除去惡神胡說

黃公

知否酒能壞事

善神自可致也皇信之乃令知水者入海捕魚常自持連
弩候其出而射之直至之罘見一巨魚親射殺之時海濱
有白虎猖狂晝現傷人行者爲阻聞東海黃公少時能乘
龍御虎佩赤金刀以絳繒束髮立興雲雨坐成山河及其
飲酒過度氣力羸憊不能行其術皇强使驅虎黃公以赤
刀厭之竟爲虎啣去虎不復見皇至曲阜觀孔子之宅謂
臣下曰仲尼大聖顏曾閔冉皆祔葬於近必有文籍藏於
其中令先發孔墓內有石刻其文曰
後世一男子自稱秦始皇上我堂履我床顛倒我衣裳
行至沙丘而亡

皇大驚怒求其棺不得欲盡掘去諸冢涉正曰孔子雖聖豈能預知未來此必有神焉願勿與朽骨爲仇也（聖門大功）皇自覺神褫魄奪遂不復掘渡河西至平原津病復發正不願西回乃告去皇留之正曰暫欲遊醫無慮山再與陛下作會願勿事遠遊致使水少土高之患（沙丘）皇詳問正不答而去皇病卧車中一路惡聞死字七月至鉅鹿病益甚駐蹕平臺之中紂所築知病不起爲璽書賜扶蘇曰與喪會咸陽而葬丙寅日遂崩年五十在位三十七年其地蓋趙之沙丘宮（定數難逃）李斯與趙高合謀秘不發喪棺載轀涼車中至咸陽詐稱受遺詔立（惡極）胡亥發喪襲位爲二世皇帝更爲始皇手書賜扶蘇死扶

疑是東方朔前身

蘇遂自殺蒙恬上書辯寃二世數恬兄弟誹謗皆賜死恬與毅吞藥而亡九月葬始皇於驪山壬辰十月二世元年時年二十一以斯爲首相高爲郎中令冬十二月二世傳旨東巡斯從駕至碣石傍海南至會稽春正月北至遼東望海留三日西還經胙城廢衛君角爲庶人文武康叔之祀絕二世還咸陽欲以漆塗其城以壯威稱賞羣臣將從優旃曰善臣將請之雖於百姓愁費然佳哉漆城蕩蕩寇來不可上即欲就之漆亦易爲但難爲蔭室耳二世大笑而止不二月旃忽夢黃衣使者曰奉須彌大演仙官令召子助教諸優供元君暇時行樂也越旦旃遂卒葬於白水其後[illegible]

諷諫

妙人

武臣
張耳
陳餘
沛令
期生

發諸家君惟旗家中無居二世欲肆志為樂趙高勸盡除故臣復作阿
房宮秋七月發閭左之徒往戍漁陽陽城陳勝字涉夏陽吳
廣字叔為屯長押戍至會大雨失期乃會徒屬謀反入據陳
父老立涉為陳王山東郡縣爭殺守令以應合從西向涉
以廣為都尉武臣為將軍以張耳陳餘為左右校尉徇趙
地武臣自立為趙王沛縣令聞涉為王欲起兵應之掾主
吏蕭何曹參請召諸逃亡令樊噲往召劉季季遊咸陽回
遇客曰期生熟視曰時可矣季謝曰聖人當起東南間且
待之沛令悔而不納城中共殺令開門迎季為沛公時年四十
八祠黃帝祭蚩尤旗幟尚赤會稽守殷通亦欲應涉使項

○項梁
○田儋
○韓廣、
十周市
○魏咎
十周章
○章邯
○司馬欣
○董翳
口趙歇
一莊賈

英布

梁為將梁使兄子羽斬通佩其印綬羽為裨將年二十四狄人田儋故齊族自立為齊王武臣使韓廣北畧燕地廣自為燕王大梁周市立公子咎為魏王癸巳十月陳涉遣周章將兵西至戲水二世使少府章邯擊破陳軍二世益遣長史司馬欣董翳佐邯擊盜趙將殺武臣耳餘求趙後立歇為主司馬欣擊敗陳勝其御莊賈殺勝初陳王知東陵侯名重浼鎮廣陵涉敗死邵平欲保障其地乃至吳矯陳王命拜項梁為楚上柱國說以撫定西北梁以八千人渡江而西蓼人英布皐陶之後少有客相之當刑而王及壯坐法黥布欣然曰幾是乎因曰黥布一曰改姓黥以厭當之亡之江中為盜聞梁

十范增
○南公
○楚懷心
○韓成
○魏豹
○田市
二李田
十宋義

渡淮引衆歸之居巢人范增鄛後之年七十好奇計聞楚有
老人曰南公識興廢之數著書十三篇增往問秦氣數公
曰楚雖三户亡秦者必楚也增退居髑髏北山之陽項兵
西來增往說梁復立楚後得懷王之孫名心立之仍曰楚
懷王梁自號武信君時張良隨沛公在梁處因說立韓成
爲韓王四月章邯大破齊魏之兵魏豹亡至楚令復徇魏
地立爲魏王田市亦立爲齊王項梁擊破章邯又敗斬其
三川守李由斯長子梁益輕秦宋義諫之弗聽二世悉發兵
令王離統之敗楚於定陶梁戰死楚王與諸將約先入關
中者王之乃遣沛公西行畧地以宋義爲上將軍項羽爲

楚之滅秦仍在渡三力之九勝好惡之報

○秦王嬰

不斃於水火而斃於下

次將往救趙甲午冬羽斬義沉舟破釜渡三户津遇秦兵九戰皆大敗之虜王離楚兵復振二世深拱禁中政事決於趙高高忌李斯位重甲午冬夷斯三族高為中丞相政正月為端月章邯軍數敗二世責之邯恐乃與羽盟趙高每言關東盜無能為至是逼入恐被責弒二世於望夷宮立其兄子嬰為秦王嬰寢於齋宮夢有人長十丈鬚髮絕偉乘丹車駕朱馬謂嬰曰予天使也從沙丘來天下將亂當有欲為暴者翼日乃起嬰既疑高稱病不行高自來請因執而刺之不入納諸井中七日不死更以鑊煮之亦七日不沸知其有術乃命浸於糞溷中起宿斬之族其家初

仁者天地生物之心

彭越

△酈食其

△巴一

何不收遺書

因高時獄吏見高懷一青丸大如雀卵時有方士云高曾
受吾師韓衆靈丹師嘗於琳國食玉華李其李五千年一
熟取其核中仁修丹佩之冬日坐氷夏日臥爐及高受戮
棄屍於九達之路咸見一青雀從屍中出直入雲際始信
方士之言沛公北過彭城守臣彭越以其兵從西過高陽
儒生酈食其入謁生少與巴一事韓衆一習醫藥生學遊
說沛公用其策下陳留攻潁川因張良之力畧定韓地所
過禁毋鹵掠進攻武關乙未冬沛公至霸上子嬰奉璽符
降蕭何收相國圖籍得菱花鏡於宮中照人五臟皆見邪
心者則膽張心動若屈軼之指佞如靈犀之燭邪

涉正雖受安期之託欲取開山圖然寂無表見則庸矣故特於細林一顯其術去後可免秦人之議

秦始至焚孔陵罪惡已盈而李斯曾無幷言諫阻其心特以焚書爲未足也眞爲可恨吾故曰秦始之惡皆斯之惡

韓衆授丹於趙高正欲點化凶人使歸善道故止以不焚不溺示之無如其終不悔悟則足以殺其軀而已服食脫化之道凶人亦安所得聞哉

○○羞吳芮麗英無誠○訪濟正楚王受詩
是王佐
張良請觀故失手墜地碎焉公色變良徐曰人主能正其
○語 心天下之心皆正鏡安所用哉公乃喜良復勸封府庫還
軍灞上沛公召諸父老約法三章悉除苛禁吏民安堵有
解生說守函關無納諸侯軍項羽既定河北自稱項王尊
范增為亞父西至函關不得入羽怒攻破之沛公至鴻門
謝罪羽乃屠咸陽殺子嬰至驪山掘始皇塚獲珍寶無算
燒秦宮室火三月不熄羽陽尊懷王為義帝不用其命自
為西楚霸王都彭城封增為歷陽侯封沛公為漢王都南
鄭三分關中王秦降將塞漢山路徙魏豹都平陽徙趙王

共敖　吳芮　臧荼　梅鋗　田都　田安　扶嘉　田榮

駮王代立趙相張耳爲常山王黥布爲九江王共敖爲臨江王鄱君吳芮爲衡山王以燕將臧荼爲燕王番將梅鋗功多封十萬户侯徙田市爲膠東王立齊將田都爲齊王又立故齊王建孫安爲濟北王諸侯各就封國漢王以蕭何爲丞相遣張良歸韓聞韓王被羽所殺復歸漢中初淮陰韓信數以策干項羽不用因歸漢復欲去蕭何獨追還勸王設壇具禮拜爲大將丁聞朐䏰雲陽萬灘人名嘉母於湯溪水側感龍生嘉無父故無姓長有神智占人吉凶每多奇中遣使召見嘉即勸定三秦王喜其言與信合賜姓扶氏謂能扶翊也拜爲廷尉時田榮殺田都田市自爲齊王授彭

陳平

鄭昌

田橫

田廣

董公

越將軍印令取梁地陳餘亦說齊合謀擊破張耳迎王歇於代餘爲代王耳亡歸漢沛人王陵楚都尉陳平亦歸漢八月王用韓信計明修棧道襲敗雍王於陳倉漢王東至咸陽遣王陵出武關迎太公父呂氏妻於沛項王命鄭昌爲韓王以拒漢丙申十月韓信畧地關東擊走鄭昌張良從楚來攻關中以齊梁反書遺之羽從逐義帝於郴縣長沙陰令縣布諭共敖吳芮弒帝於江中及接良遺書遂北擊齊田榮敗死榮弟橫立兄子廣爲齊王是年二月漢王更立社稷從臨晉渡河魏王豹以兵從下河內至洛陽新城有三老董公秦制十里一亭亭有長十亭一鄉鄉有三老掌教化者也遮道說言爲義帝發

第六節

子盈 長女 夏侯嬰 審食其 呂澤 隨何 張敖

仇漢王遂為義帝發喪遣使布告以魏豹為上將率諸侯兵東伐彭越歸漢因入彭城項王引精兵回戰大破漢軍圍王三匝忽有大風從西北起拔木發屋窈冥晝晦楚軍（有神助）大亂王得遁出道遇子盈長女夏侯嬰收載而行審食其從太公呂氏間行遇楚軍取去王徙從呂澤於碭郡張良曰英布彭越皆可急使漢將獨韓信可屬大事王使隨何往九江説布叛楚六月王趨還櫟陽立盈為太子以長女配張耳子敖令祠官祀天地四方上帝山川七月引水灌廢丘章邯自殺秋八月王東征至滎陽諸軍皆會魏豹自敗回平陽聞有相者許負稱唐舉之徒請至內室問曰先

薄氏

附⊕李左車

生曾相韓信者乎負曰然見夫人薄氏瑩煌滿面拜賀曰夫人他日當母儀天下豹喜而請相負令豹正坐細觀半晌蹙額曰滯色雜於中正日月欠明水火失位豹慍曰夫人既貴寡人安不大貴令再相負曰百日內主兵敗家離豹怒叱斬此狂夫夫人勸免乃遣使降楚截住河津丁酉冬十月漢王遣韓信擊破安邑虜豹王見薄氏有色留之韓信請兵北舉燕趙東擊齊南絕楚糧道王遣張耳俱往東下井陘道背水爲陣斬陳餘擒趙王歇信募生致李左車用其謀說燕臧荼歸附酈食其請王立六國後王令刻印適張良至借箸籌其不可乃令銷印用陳平計捐金行

貴者自貴

○紀信

袁生

反間項王疑范增私漢增恚請歸疽發背死七月楚圍滎陽至急紀信請誑楚漢王乘間入關有儒生請見言在睢水與王有恩王不喜儒流奇而召見曰我楚人袁生也久事南山處女常從遊四方前歲四月訪友回吾師觀戰於睢水王被楚圍急吾師嘘氣作風吹潰楚軍王得以脫王怪其誕漫應之曰然聽之於天也生曰性事無憑今欲爲君謀之可乎王改容求教生曰願王出武關羽必南走以應王宜堅壁勿戰俟韓信定趙連燕齊而有之王復走成皋則楚備多而力分破之必矣王不以爲然袁長嘯而去張良自外至王語之良頓足曰袁其善謀者哉此正勝楚

蒯徹

武涉

虞姬

之要策也使人四出追之不知所在於是從其計而行項王求戰不得韓信引兵東伐聞酈生已説下齊辯士蒯徹説信襲齊齊以酈賣已烹之項王使武涉説信連和三分鼎峙信不聽漢立張耳爲趙王信請爲假王以鎮齊蒯徹料漢必不容信復詔爲相以諷信謝徹遂佯狂爲巫彭越數刧楚糧漢知其食盡兵罷説約中分天下歸太公呂氏項羽東歸張良説王追之王許韓彭以破楚分地齊梁九江兵會於垓下在靈壁已亥十月擊羽大敗羽夜聞皆楚歌乃起飲帳中悲歌泣下虞姬泣而和之遂乞劍自刎今有花名虞美人即其血沾地而生羽潰圍南馳一日九戰無能近之者後名山日九里

◎烏騅

西楚七

◎漢高祖

魯元

刎曰欲東渡烏江有亭長檥舟而待羽歎曰騎此烏騅五九（頭）歲所向無敵今以賜公下騎授繮騅忽躍入江中復回顧悲斯分波踢浪（異獸）而去羽棄矛於江持短兵接戰遂自刎（可憐）而死年三十二楚地悉平王以魯公禮葬羽項氏枝屬皆賜姓劉共請王為皇帝建壇於汜水之陽二月甲午即位以十月為歲首用黃屋左纛帝曰齊王信習楚風俗可從為楚王彭越為梁王徙吳芮為長沙王封梅鋗於臺嶺為臺侯英布臧荼皆如故張耳已薨子敖為趙王尚帝長女元制曰公主儀比諸侯食邑於魯曰魯元共敖已死其子驩仍為臨江王帝都洛陽（號關中曰渭南亦曰內史）五月諸侯王皆罷兵歸國楚

陸少年

張芒

(十)麗英

王信歸淮陰故里踵漂母門報以千金母卒爲立墓於巳母塚相對召向胯我少年爲中尉長沙王吳芮至臨湘聞章貢間一山有十二峰上多奇石中有寧都縣人張姓名芒字金華初產一女自呼曰我名麗英生禀瑞相面有奇光常對白紈扇如鑑年十五獨居修道性愛種蓮九洲鎮之盤古山四面石壁中有一池麗英植蓮於中四時產瑞蓮不竭常跨異獸入市或六足或八足性極馴良市人敬之如神有時攜童男四五人入山遺以蓮子滿袖呼異獸負出芮悅其神術欲聘爲小君以起異國遣使通其意英許之乃升山之高處紿之曰山有石室中通洞天爲能鑿之當相見也

對使躍入石間使者還報芮發兵衆親督攻鑿既通山半見英仰卧披髮覆石鼓之下咸謂之死芮使人審視忽見紫雲鬱起載英昇至半空俯指芮曰汝殺義帝又叛項王乃弑逆惡人吾爲金星之精降治此山修靜豈與禽獸爲類哉原回桐柏去也芮羞怒令强弩射之矢鏃至其身皆折或化灰燼飛去芮始駭跪而謝罪英曰汝與共敖同弑義帝敖爲柱國將族其家以報汝爲番君論罪稍輕不悛取戾非小言訖冉冉墜下石穴不見芮蹤其所卧處石上有詩曰

石鼓石鼓悲哉下土自我來觀民生實苦哀哉世事悠

◎劉賈

悠我意、我意不可辱兮、主威不可奪余志有鸞有鳳自謌自舞凌雲歷漢遠絕塵羅世人之子其如我何暫來期會運往即乖父兮母兮無懷我懷

芮大驚、此實天台王君長女扎生張氏也後人因名爲金精山時臨江共驩據城叛、漢盧綰劉賈圍之乃求救於長沙芮受此訓誡急拒絕之驩舉族出降四至洛陽盡殺之帝從婁敬勸入都關中燕臧荼反帝自將擊斬之以盧綰爲燕王帝至陳縣思起兵時喪母於小黃城陳留縣東北乃以梓宮往招皇妣幽魂安葬至澤濱有丹蛇長尺餘在水自浴灑尾躍入梓宮其浴處每遺髮㬋㬋使者驚報帝於小黃主陵廟奉祀庚子六年

太上皇 昭靈太后

追尊皇妣爲昭靈太后尊太公爲太上皇先張良隨帝送葬項王於穀城南穴地得黃石一片憶圯上老人之語悟曰聞古仙赤松子號黃石公應躍曾言之也良素多病從入關時導引不食常願棄人間事從赤松子遊遂入見帝（哲人高蹈）謝病求去帝不許良請居東昏之白雲山靜養帝允之山有石洞幽深良辟穀煉氣於中是冬有告楚王信陳兵出入帝用陳平許僞遊雲夢縛歸封淮陰侯帝遊都城問秦之四時曰天有五帝何止於四遂立北畤祀黑帝因更櫟陽曰萬年城咸陽曰長安論功與諸臣剖符行封蕭何爲酇侯食邑獨多曹參爲平陽侯（後改封建成）使張良自擇齊三

不知泰始

萬户辭曰始與陛下會於留願封留邑足矣乃封爲留侯
大封功臣二十餘人表生策疲項羽爲立生祠董公請爲
楚王交　義帝復仇封成侯又大封同姓以從兄賈爲荊王嫡弟交
齊王肥　爲楚王帝生八子子肥最長王齊曹參爲齊相國辛丑七
劉終　年帝立兄仲爲代王封長兄子終爲羹頡侯秋八月帝使
韋孟　御史稽察諸侯王政治楚王交雅好文學至國聞彭城韋
金馮　孟有學聘爲傅聞金椒金馮善易得鬼谷琴子傳魯高堂
高堂生　生通禮記濟南張生通尚書皆厚幣聘至稱博士魯有儒
張生　者申公穆生白生初與交朝夕遊詠及交王楚以三人爲
申公　中大夫待以優禮申公名培與交子郢同師穀梁首徒孫

穆生　白生　劉郢　孫卿　毛萇

鄉淵通春秋三人屢欲薦賢資治白生曰臣於居巢遇一老翁自稱浮丘伯種芝子於山陽言千歲方生叩其學無所不曉但此人非可招致主即與三人步往長晚請教翁問所欲王求長生翁曰子少道骨毋問神仙面有秀氣三合講求於書詩禮樂足矣王曰慕之而不可得聞奈何翁曰我友毛公萇趙人也精詩學秦令焚書時私以古詩三百餘篇盡刻於居巢一山之陽石洞兩壁（今無爲有毛公山）摹之即得王再拜受教申公曰傳聞周靈王太子晉從浮丘伯遊嵩山仙去翁亦同號得無即是乎翁曰野老不諳古籍偶與前人相合何敢比類是夜留飲山庄浮丘言太王好

(一)蓋公

(二)毛翁公

(三)樂瑕公

(四)樂臣公

文有雅德其後子孫當主天下宋帝之孫是其後王遜不敢當及論時務適中臧否夜深宿於子堂王及側不寐廻思此翁有異天未明促三人起舉火再談從者掌燈至却露宿客栢之下王驚歎久之回國令人至山洞摹寫頌行國中於是江淮文風大盛曹参知齊俗强狡欲尚刑以治眘肖齊民相起爲盜恭悔因尊賢求德以圖善俗膠西黙陬鄉大珠山石室中一老人曰蓋公少從安期生遊琴高於須彌記得至一經以語安期安期教毛翁公翁公教樂瑕公瑕公教族子樂臣公臣公常念樂毅顯名諸侯終無所濟乃獨好黃老恬淡不仕齊曾咸尊爲師範蓋公見齊人争干

何效之速如此

世主而臣公獨居高隱徃授其教後又師河上丈人得清淨妙旨叅聞其善治黃老厚幣聘之不至親至海濱謁見

即清淨之旨

坐三日不語叅意不怠蓋公始問來意叅曰欲求治道公曰欲治國者務知和平之用周法太弛政歸於列國秦法太虐國亡於二世皆不明寬猛相濟之義為政如澄水然毋擾之毋罷之擾之則難清罷之則民困故治道貴清靜則民自寧一矣叅拜辭歸國用其術以相齊三月盜賊息居民安而齊大治御史歸報於帝言齊楚二國皆尊尚賢才一為政治第一一為文學首推帝曰藩封得人而國治朝廷可不求賢乎是秋令各郡御史報舉無使懷才沉逸

內史商洛之山有避秦四隱賢曰東園公綺里季夏黃公甪里先生年皆八十餘鬚眉皤然自謂四皓云皆河內軹人或在牧野皆修道潔已非義不動見秦政虐乃退入藍田玉山採芝爲食白水爲飲作歌曰

莫莫高山深谷逶迤曄曄紫芝可以療飢唐虞世遠吾將何歸駟馬高蓋其憂甚大富貴之畏人不如貧賤之肆志

乃共深匿商洛地肺山（終南之南）有司具聞帝遣使以安車玄纁徃聘四皓不應使者敦請各招一鹿跨上轉山隈跑去使者回報帝曰萬乘之尊不能屈四布衣耶今使再徃已

不知所之帝歎息終日既而曰老狂奴虛名無實不足念也張良嘗稱淮陽應曜之賢帝雖慕之疑爲四皓一流不復徵召不有干城兵徒搪衛駕名

子房爲風后再世則玄女亦呼吸可通噓氣爲風吹潰楚軍漢王得免非異事也

楚王好文學即得諸賢輔翼而浮丘亦宗以毛詩故學道者特不好耳如好則必有師友爲之講明至理斷無有好而不得者

上陳豨 十貫高 戚夫人 趙王如意 代王恒

○○王太傅道逢二士　○○○閩越王坐狎九仙

壬寅八年匈奴攻代代王仲逃歸帝廢仲爲郃陽侯以陳豨爲代相國北監趙代兵有告趙相貫高謀逆帝除張敖爲宣平侯以寵姬戚夫人之子如意爲趙王甲辰十年太上皇崩八月代相陳豨反帝往擊之乙巳十一年豨敗走帝封子恒爲代王薄夫人出都晉陽有告淮陰侯信與豨通謀呂后召蕭何謀紿信入縛斬之夷其三族是日天地昏暗帝還令捕蒯徹徹對以跖犬吠堯令釋之欲授以官徹曰乞以信首葬淮陰仍封楚王臣得守其墓足矣帝允其請徹夜謁蕭何曰丞相薦韓侯芟除六國功高伊呂乃聽細

蘇夫人

人之言讖及子孫何讎於漢而報之若是㒒耶何垂淚徹
以情告曰韓夫人蘇氏生四子長子瀠素以師禮事我欲

韓瀠

遠投匈奴以圖報復今匿於琅琊山北何思瀠北去必為
國患因曰夷狄不可親也南越趙佗何可作書暫寄彼處
有歸朝之日書中假稱韓生徹領書與瀠持書南去徹初
與安期生善深明術數知安期曾干項羽不能用其策徹
有論戰國之權變八十一首至楚謁羽見羽無成至漢遇
信佐之信不納良言遂勸瀠先機避去至是居守墓旁歲
時私祭㒵五月梁太僕誣彭越謀反召至呂后遂定罪夷

欒布

三族令醢其屍遍賜羣臣梁大夫欒布麻衰扶杖慟哭越

梁王恢
淮陽王友
灌嬰
淮南王長
吳王濞
只此可嘉
孔鮒

頭下。帝怒欲烹之。布言越之功畢請就烹。帝釋之。布乞越首還葬。帝以子恢爲梁王子友爲淮陽王。○黥布食所賜肉醬心動於池畔哇之化形如小蟹旁生螯足因名蟛蜞布遂舉兵反東并荆王賈之地。賈走死。布北渡淮楚王交走入薛。丙午十月帝收布於會甀。命灌嬰追之。封子長爲淮南王。還過沛以沛侯濞爲吳王兄仲之子。過曲阜進謁孔林曰孔子萬代仁義禮樂之宗人類不至滅絕者皆聖道維持之功也命以太牢祀之。秦始焚書孔子八世孫鮒字甲悉收魯論尚書諸經籍藏之壁中乃出所藏陳獻帝受之頒行天下。爵鮒爲上博士灌嬰獲布於鄱陽斬之遂築城於南昌曰灌

周勃

嬰城江右祀嬰曰城隍之神樊噲周勃斬陳豨於當城丁未有言燕王

燕王建

盧綰通謀召之綰懼罪不至後亡入匈奴帝以子建爲燕王帝集大臣刑白馬爲盟曰非劉氏而王者天下共擊之

吳臣

惟長沙王吳臣以無過存之從父芮之教也帝擊英布時中流矢至是病創呂后訪良醫聞恒山勵陽公治金瘡最良延至帝袒肩示之勵陽曰毒深入骨然未透髓攻心猶可治也帝曰命乃在天雖扁鵲何能爲賜金五十斤遣去公出辭后曰帝創過月餘不治矣領金僑居長安將金廣買藥料修合膏散凡從征將士受傷者就醫所愈萬人無隱痛瘢痕眞金瘡聖

呂釋之

醫也帝爲戚姬計欲立如意后恐使呂釋之劫張良畫計

抑張子房非高祖之意

天下父歸之義、

良曰、此難以口舌爭也商洛山有四顥淮陽一遺老、臣嘗從之學禮帝皆慕愛而不能致固請得侍太子上見之則太子重此一助也后使人奉太子手書卑辭安車往迎四顥初不欲行使者長跪哀請勉登車出山使至淮陽應曜不知去向時人語曰商山四顥不及淮陽一老四顥至太子郊迎以師禮見日與周旋談論帝置酒宮中太子侍宴四顥從往帝見四人鬚眉皓白衣冠甚偉怪問之四顥各言姓名帝驚曰吾求公等不至何事從吾兒遊乎四顥對曰陛下輕士善罵臣等義不受辱太子仁孝故來從耳少頃四人隨太子出帝指示戚夫人曰彼四人爲輔羽翼成

矣張良初遊於都市見四五童戲於道一歌曰
着青裙上天門揖金母拜木公
良往拜曰敬聞命矣童忽不見人問之良曰吾師曾言世之昇仙者有九品昇天時先拜木公後謁金母受事既訖方得上九天入三清拜太上覲奉元始天尊耳適歌者必東王公之玉童也及蕭何下獄良竊歎曰良與淮陰酇侯帝嘗稱爲三傑今二人戮辱行及我矣謂妻挐曰四顥歸山吾欲追其蹤潛身遠害汝等俟我去久方可上聞知樂世無可傳素書之人仍以袖去所著赤靈經留世論地理

張辟疆

之形勢長子辟疆善辭令良誡之曰能言不如會默善謀

神寵使人不見竈

不如守拙遂飄然去從赤松子採赤石脂於宮窿帝聞之泣下曰朕有留侯猶夜行有燭一旦棄去朕何賴乎後良仍教

張不疑

報喪葬於外以絶辟疆年八歲次子不疑五歲召入宮撫衆念贈謚文成

養夫人月給俸薪帝疾甚四月崩六十二歲并為漢王共在位十二年廟號高祖

鄺商

呂后不發喪謀誅諸將鄺商說以利害乃發喪大赦葬帝

惠帝

於長陵太子盈即位是爲惠帝太后素怨戚夫人乃囚於永巷欲誅趙王召至帝知太后意自迎入宮寢食與俱丁未元年太后得間鴆殺如意復斷戚夫人手足去眼煇耳飲以

并白寧其子

瘖藥使居厠中召帝往觀人彘帝大哭驚而成病不復聽

張后

政遂荒於聲色戊申二年魯元公主尊為王太后蓋公主之長女

○田何

時年十二呂后許納爲帝后帝聞淄川田何字子莊年老家貧守道不仕

幸其廬受易齊魯之士多師之自孔子授易五傳至何及

秦禁學以易爲卜筮之書獨不禁漢興何以齊諸田徙杜

陵號杜田生以易授弟子等終爲易者宗帝聞陳留圏公

甚賢欲召爲司徒公預告人曰蕭相國上應昴宿將返元

位子亦當易地也使者至已不在矣是秋蕭何薨召曹參

爲丞相一遵何之約束庚戌四年參薨太后遵高帝遺命

時位次尚

以王陵爲右丞相陳平爲左丞相九月築長安新城成辛

亥五年諸侯上來新城朝賀齊王肥已薨諡悼惠有六子帝使張

○齊王襄

辟彊至齊立其長子襄爲齊王壬子六年秋帝崩年二十二歲

呂產
呂祿
呂美人
少帝
陽極

太后使呂產呂祿將南北軍葬孝惠帝於安陵孝惠后無子太后陰察美人有娠呂氏族女幽於別宮臨月生子令抱入宮詐爲后子名就報呂美人產難死立子就爲帝是爲少帝癸丑元年帝方四月太后議立諸呂爲王王陵力争拜陵爲帝太傅陵免相歸至陳留路有二士遮見陵停驂與語華裾者曰聞子能守白馬之盟得大臣之義故來一見衣素者大聲曰呂雉納甥女爲子婦亂人倫之道鴆趙王而慘殺其母害天性之恩誅戮功臣僭竊天位凶暴淫虐寵幸下臣眞天地之罪人漢家之梟獍也彼謂威權在手莫敢枝梧不知冤鬼已隨其後矣陵大驚曰匹夫敢狂悖耶遽

左右擒之二人混入人叢不見唆去二人復出華裾是魏人張湛素衣是楚客朱英二人潛學閩中煉成隱形化物之術相邀出山先遊梁楚故地物是人非欲北遊趙代一路知呂氏所爲遇見王陵故向之發泄英請湛且駐邯鄲自入長安視呂氏近事如何時太后臨朝作九鳳御珠冠下令募三寸之珠英即摶土成珠詣闕上書稱會稽朱仲獻三寸珠九枚問珠何名出於何處仲曰產珠里在曲沃絳水名飛流珠此隱語言非劉氏而王者必誅諸呂者在曲逆絳侯也呂后賜以五百金魯元聞之召仲至宣平府欲求其珠仲曰大珠已獻於太后魯元慍曰以我不貴故不與耶仲曰若云公主之

張偃

貴當與當與但恐侯不及耳今有先期小珠二十三枚奉
上侯向濟瀆得大者來獻因探囊出珠於盤中驚走不定
曾元排視之徑可五分嫌其色黃少澤仲曰飛流珠光芒
而缺陷先期珠黃暈而得全曾元收之出七百金付仲囑
以更覓極大者來復有厚贈仲曰來時不用奈何曾元曰
決不使汝空返仲含笑而退曾元自得珠之日病嗽至三
月下旬薨凡二十三日符先期之數太后封其子偃爲魯
王遂王諸呂乙卯秋明星現識者以爲女主秉政陰竊陽
權之徵丙辰四年少帝已五歲宮人或語其故帝曰皇后
安能殺我母而攘我爲子我壯當報之太后聞之即幽帝

於永巷將買於死陽言病甚左右莫能見四月朱仲來獻
濟瀆珠有人報知孝惠后使中官來邀仲由永巷而過隱
隱聞泣聲仲已知之至宮中呈三寸珠三枚后甚喜然意
其太少仲曰臣有一珠圍及四寸眞稀世奇珍也后請出
視仲曰臣密藏於邸中可令一中官同取后令內侍隨往
至寓仲出四寸珠二謂中官曰願以一爲吾子壽中官曰
君毋戲我仲曰有事浼子請以我語達之少帝少頃有人
來炮激其禁聲勿駭中官面有難色然利其重寶遂允之
引仲入宮中官潛報少帝孝惠后見此異珠大喜以十金
酬其值仲領金辭出至永巷口忽不見俄而監守者奔報

少帝失去太后急令閉宮大索數日弗得出詔曰皇帝病久不愈當議更立。五月立常山王義為帝。弘更名是秋聞南越反太后以絳侯勃為太尉。秦官名掌武事。始皇初拜任囂為南海尉。囂善占天象能叶人謀領表蒙其德其子敖好神仙之事聞古有任光善釣遂逸出境外學釣東南海島中磯上常釣大魚入市賣之時號任公子。釣臺在暹羅國後不知其所往。二世時囂病將死召趙屠令行南海尉事尉屠即檄告諸關絕道聚兵自守及秦滅屠擊并旁郡自立為南越王以屠名非佳改為佗擴築番禺城為都有五人騎五色羊至因名五羊城。葛由邀四台仙乘木羊來遊。乙巳夏漢遣陸

陸賈

趙濟

生而有謚眞武夫所爲

日南味勤國

鮫人

閩越無諸

賈立佗爲王與之剖符通使丙午歲韋生持蕭何書至佗
詢是淮陰之子以長子濟之女妻之韋生謀畫益力及呂
后稱制禁南越關市鐵器佗怒韋生乃建議稱帝佗於丁
巳冬築臺於番禺二山之間即越帝位名其山爲越秀有越王臺址尊號爲武帝韋生爲相國設兵陽山關拒漢浮海先
征日南味勤國之人常乘象入海底取寶宿於鮫人之宮
其人水居如魚不廢績織時出人家賣綃是曰鮫綃綃生絲繒
也服之風寒外驅鮫人所泣之淚則成珠月滿則珠全月
虧則珠闕海南人每得其淚珠至是請貢南越佗復結連
閩越東甌和好西南夷莊氏後蹻之秦置閩中郡時勾踐之

◎東甌搖

◎何氏九兄弟

後名無諸名搖者姓騶氏皆廢爲君長及諸侯叛秦二君歸吳芮滅秦項羽弗封至漢擊楚二君率衆佐漢高祖立無諸爲閩越王王東冶孝惠三年立搖爲東海王王東甌無諸就封故地都於平山巡遊烏石山爲此處秀甲閩中乃環山巔築臺高十餘層經營富麗有越王峰臺左右旗鼓二山相望爲全閩二絶後亘大鵬芙蓉二山北有雪峰山盤踞極遠夏有積雪復建離宮於方山四面如石城中有田三四頃木多柑橘於丙辰重九登臺設宴列大石几尊聞山下有何氏九人莫測其由來煉丹於湖側召至問曰在我境內不圖取爵祿耶九人拱手曰兄弟宴罷須彌隨太極仙人

至此謂白巖山孤標秀異教我等棲而勤修擇此九支山就石穴白甘泉爲丹物因太王築臺山頂移往湖邊自煉向得葛仙遺我綏山桃實一筐以核沉播於附近山凹越數歲遂成桃林結實如拳六十年來賴以不餒王笑曰須彌乃天地中央豈世人所能至況子等年貌未滿三十而云周甲之外敢以亂言誑我不可容於同國矣九人曰須彌大地凡人固不能歷危險涉弱洋而至然我等欲往不過如士子之赴京詣闕耳至於年歲已數不出從前甲子（是實話）以貌推年王失之矣且欲驗我山川亦隨而去也無諸撫掌曰子言已甚教爾小試於筵前九人曰各獻一術博笑

一人手招案前金鐘飛墮於湖（峯之西南有鐘湖每當風雨晦暝湖中隱隱聞鐘聲）一人旁指一山上開入石若蓮花（九日山有蓮花峰）一人飛向巖前悄石憑空作篆書畢復下（有仙篆石）一人呵氣成風吹亂石於空中作燕舞良久投入山洞（有燕子洞）一人拍長松令起化爲金蟒直奔筵前無諸踉蹡躲避一人大喝金蟒遽退蟒潛入山穴即折竹枝坐高峰鈎之從穴中鈎出牽向舊處仍復爲松（有金蟒穴）一人曰旣言能移山教一山先去次第移盡舉袖一揮西首一山拔地而起搜棧向東而走飛向臨海郡去（山甚成湖亦曰西湖）項藉拔山言小勇薄延驅石顯徵能

韓侯本念不肯負漢後爲蒯徹浸潤未免動心至被誅

夷而僅救其一子奚能補過然漢高之殘忍無刻忘情於信者也雖無徹之搖惑信亦終不能免徹固深知漢高之心矣

漢廷諸人皆功名中人也故逮於戮辱惟子房不繫於功名富貴漢高呂雉亦無如之何矣

張朱二仙細數呂氏之罪甚爲痛快得無史家聊齋不平之鳴乎

九仙自須彌會後隨何侯遊歷東南至此表其丹成意者須彌大地藥物鮮少故特向此神州赤縣求之乎則九支山之石穴白甘泉學者所當詳究也

周竈

〇〇羨門子方授韓終、〇〇一木倉公難逢陽勵

無諸恐果移盡高叫曰、已知仙丈神術矣、一人大笑曰、待還汝一山、向北招曰快來、遠見一山自會稽飛至、有飛來山一人曰、所煉大丹已成、當歸方諸復命、向湖中呼魚、有九尾赤鯉躍出、各跨其一、謝別、飛昇而去、後名為九鯉湖、山為九仙山、置縣曰仙遊

無諸及羣僚驚呼跪拜、半空擲下釣蟒竹竿、令收內藏、對山建一隣霄臺、以記其事、立廟於湖上、歲時祭祀、相沿大比之年、郡中士子處宿祈夢、奇驗異常、名人題詠極多、如蟠桃塢春月紅滿湖洲、勝跡尚存、無諸自此頗事神仙、南越來約反漢、明歲趙佗稱帝、無諸遣使通漢、高后造周竈擊南越、會暑濕、士卒大疫、相持歲餘、令罷兵歸、太

呂通

酈寄

后強以諸呂之女授諸王爲妃趙王友弗愛呂女太后怒
庚申正月召趙王置於邸絕食餓死謚徙梁王恢爲趙王
徙呂產爲梁王是秋趙王恢燕王建俱薨太后陰使人殺
其子以呂祿爲趙王呂通爲燕王辛酉三月呂后祓祀以
（恨）
除不祥還過軹道見有物如蒼犬撠后腋下遂病太史
事祈禳腋痛不止晝夜呻吟秋七月崩遺詔產爲相國祿
（惡報）
卜之云母子受慘刑而死者爲祟后疑如意戚姬爲作善
女爲帝后是時諸呂擅權欲爲亂齊王襄發兵西誅諸呂
呂產遣灌嬰擊齊嬰與齊連和丞相平與太尉勃深相結
納平使酈寄往紿呂祿使以兵屬勃勃將北軍命劉章入

漢以孝治天下

宋昌

（以）蘇唐

殺產祿及諸呂無少長皆誅諸大臣相與謀曰代王年長仁孝太后素謹良宜承大位遂往迎代王恒高帝第三子薄后夢黃龍據腹而生八歲封代九歲帝崩生母歸國王奉養惟謹母病三年王目不交睫衣不解帶湯藥必親嘗以進仁孝聞於天下大臣迎立王未決中尉宋昌義之勸速往王聞太行隱者蘇唐善卜聘之使卜唐以荊灼龜兆得正大而橫其繇曰

大橫庚庚（音亢）余為天王夏啟以光

唐曰龜之文理橫行無思不服庚者更也更諸侯而即帝位也天王天子也五帝禪賢夏啟始傳父位王當襲父迹

文帝

竇后

於啟為有光矣王乘傳詣長安太尉勃上璽符帝弘波絨於邸代王即位是為孝文皇帝宋昌鎮撫南北軍大赦天下大酺五日漢律三人已上無故羣飲罰金四兩今詔得會聚飲樂壬戌元年十月徙陳平為左丞相周勃為右丞相灌嬰為太尉諸大臣賜爵有差二年立子啟為皇太子立竇氏為后四月封代來功臣官皆九卿太常光祿衛尉太僕廷尉大鴻臚大宗政大司農少府廷尉扶嘉賜食邑朐朐蘇唐聞嘉生有異徵亦善古侯遂結為知已於前冬見一人祖裼行歌於道唇不色殷音姻盧不起粟因邀飲問之其人曰我韓終也始皇遣求羨門高誓至闇河之北有紫桂成林實大如棗羣仙以之為餌我亦採食故得後天不

不六德

吳公

老回遇羨門子於濟陽欲强之行羨曰始皇不久北去子入南海訪慈航大士乃出囊中九節菖蒲數我種而食之二十年來遍體生毛覺陽氣冲和雖遇隆冬袒露不寒垂袁不躁又師中嶽宋君玄德服我以靈飛六甲始得遠行因字偉遠復求九疑眞人善步之術更能履空飛走吾將南去二君化伴否唐欣然嘉亦尊妻子隨去帝聞河南守吳公治平第一召爲廷尉每患南越未服爲佗置守家人於眞定遣陸賈再使以通和好佗稱帝三年葬生病卒五子皆幼適賈至說以歸漢佗載貫至合浦盤石山遊宴復遨海山樓眺望築一城於都西留駐號太夫城日設宴歎

侍帷間以韋生事言之賈曰淮陰首功幸有子孫在此歸
即奏聞佗召韋氏五子出見賈賈歸佗稱臣貢其宜百種

韓晦

令韋生長子晦爲使囑其留仕所贈賈珍寶一無所受南
人益重漢使築朝漢臺明年趙佗殂世子嬰卒齊于胡襲

南越趙胡

位賈回朝以韋晦奏聞帝召見撫慰仍封淮陰侯復韓姓
陳所獻於廷有物如樹高數尺而赤帝不識晦曰此名火
樹實號珊瑚似玉而紅潤産海底盤石上一歲黃三歲赤

山河一網可盡

海人先作鐵網佈沉水底伺其貫中生長絞網出之失時
不取則腐在海直而軟見日則曲堅命植於殿側晦至祖
塋祭奠訪求蒯徹已不知所之帝以張不疑嗣爲留侯以

辟彊嘗阿高后也周勃謝病免歸陳平專相癸亥二年冬

趙王遂

平卒復相勃三月封趙幽王長子遂爲趙王遂弟辟彊爲

河間王辟彊

河間王皇子武爲代王參爲太原王揖爲梁王甲子三年

代王武

周勃免歸以灌嬰爲丞相廷尉吳公卒以張釋之爲廷尉

太原王參

有王生者善黃老言而不出諸口見釋之謂曰爲我結襪

梁王揖

釋之跪而結之咸以爲怪生曰廷尉方今名臣余故使以

張釋之

重之諸生賢王而重張釋之彈劾不避權貴拜爲中大夫

二王生

乙丑四年絳侯勃卒謚敬侯帝好黃老術未得其旨聞膠

西蓋公自號東平先生善治其言遣使往召已偕王生去

賈誼

矣長沙王太傅賈誼入朝帝召問於宣室齊居也與談鬼神

司馬季主
宋忠
鮑叔陽
劉京

之事至夜半而罷帝歎不及拜爲梁太傅誼舉東市卜者有道召之已他往是即范增之師楚南公改稱司馬季主遊於長安與弟子賣卜東市論陰陽之紀宋忠賈誼遇之驚異曰竊觀於世未有如先生者何居之卑耶季生大笑曰騏驥不與罷驢爲駟鳳凰不與燕雀爲羣而賢者不與不肖者同列故寧處卑以避衆公等喁喁者也何知長者之道乎二子爽然自失既別去季主遂遊邯鄲遇昔趙王張耳之臣鮑叔陽乃廣寧人少好養生常服桂屑凡有道術之士即留於家奉養邀季主師弟入座先有客數十人中惟張君朱仲劉京有異季主深相契重來幾張朱劉別

事亦奇

◎伏勝

十晁錯

去約以來東南相會其後季主居叔陽家自久數叔陽襲家同訪三人而去丙寅五年淮南王長謀反約閩越匈奴同舉丁卯六年事覺帝廢長為庶人處於蜀長道病而死帝以其四子為列侯庚午九年太僕夏侯嬰卒謚文侯公卿送葬至東都門外馬忽踣地悲鳴掘之得石槨有銘曰

佳城鬱鬱二千年見白石吁嗟滕公居此室

遂葬於此在三輔飲馬橋東大道之南俗謂馬冢辛未十年帝聞秦時博士伏勝字子賤專治尚書遣使至濟南求之勝老不能行使其徒晁錯往受之勝口訥令幼女傳言授錯即今文尚書錯善申韓之學得幸於太子號智囊帝慈惠愛人謂錯峭直刻深

◎淳于意

緹縈

陽慶

一太倉公

故不重任甲戌齊太倉令淳于意有罪當刑詔逮繫獄意有五女臨行隨而泣意怒曰生女不生男緩急無可使少女緹縈暗傷父言隨至長安上書請身為官婢以贖父刑帝憐之赦其父子之罪於是詔除肉刑者三（黥面劓鼻斬左右趾）淳于意偕女返齊路遇醫師陽慶曰公之得生果在子乎意拜謝其言之驗慶臨行更以一書授意曰子可代我而行遂別去意乃臨淄之安丘人政尚簡易治稱神明民皆呼曰太倉公少喜醫術師同郡元里公乘陽慶慶自言字勵使意盡去其故方云已年老無子有禁方當悉授子且曰以公秉平後福未艾數當坐法刑死賴所生者生之意領

張相如
張蒼
公孫臣

其書不復記其言及是始知方定數至齊披閱所授皆黃帝扁鵲之脈書五色診病及藥論甚精受之三年為人治病決生死多奇中棄官挈家隱於雲門山療人疾苦其後檢得一種子方遂合服之五妻連生二十七子餘藥施於四方之無子者使宗祀不絕乙亥秋丞相張相如薨以北平侯張蒼為丞相秦時為柱下史頗知易理高帝令定歲日章程及為相欲較明律曆募致深通易理者魯人公孫臣頌公之後少從申公遊習鄒衍德運之學上書陳五行之德帝王相承傳易方今土德王時應有黃龍現當改正朔易服色制度帝命與丞相議之蒼曰推今水德始明何

第八節

新垣平

淮南王安

衡山王勃

廬江王賜

應土德丙子春隴西守奏有黄龍現於成紀帝召公孫臣
美之曰果如卿言乃以爲博士使申明土德之事改成紀
爲天水郡趙人新垣平以望氣方術見上言長安東北有
神氣成五彩前祀五帝中黄帝二而無赤帝如五帝並修
則玉英現帝遂立五帝廟於渭陽汾陰易一黄帝爲赤帝
丁丑夏帝親祀渭陽五帝廟以垣平爲上大夫使博士諸
生剌六經中作王制議巡狩封禪事淮南王長三子來朝
帝以安襲淮南王勃爲衡山王賜爲廬江王戊寅夏新垣
平言於帝曰闕下有寶玉氣令伺之果有獻玉杯者旁刻
曰人主延壽帝傳示羣臣賜平金百斤平又言候日當再

十人作奸
難欺明眼

頤養之效

中命天官候視奏云日已過午西昃復退度中天頃之而西帝大悅詔以十七年更爲元年是爲後元（改元之始）是秋垣平復言汾陰有金寶氣意周鼎當出於泗水帝命治廟汾陰以祀鼎令發卒入水求之果於汾水得一鼎重式如故公孫臣察其文獨指爲僞言夏鼎作鐘鼎篆以記今汾陰鼎篆與玉杯篆同帝以杯證之果同令誅平益重臣之識張蒼自知不及乞歸故里蒼年老無齒置乳妻十數人每食盡飽妾以百數曾孕者不復幸生子衆多年八十餘尚居相位耳目精神過於年少年百餘歲而卒（蒼父長五尺生蒼八尺餘）肥白如瓠爲侯丞相蒼子康亦長八尺得代爲侯孫類長六尺餘坐法失侯帝以淮陽守申屠

二申曆嘉嘉為相後二年夏帝患脾泄久不愈命求卜者有沛人衛

⊙衡平平少從高帝起義官拜都尉年近八旬矯健若壯奏云東

⊙呼子先闕下有卜師呼子先字辺老漢中人壽百餘歲嘗云隨恒

山偃公學卜能斷人休咎與臣善可使卜之帝召至命太

子暗祝其事令卜於殿右子先捧龜端視曰鄉兆相生帝

引出劉京

病無咎但得宗姓一人治之立愈帝問劉氏諸侯王曾有

學軒岐術者否趙王遂言邯山有醫士劉京常入城療病

輒愈復能為人祭天延算言與帝室有親帝命輕車往召

補出前文

京即孝惠庶子就朱仲攜至趙地令從邯鄲張君學道湛

不欲數仲言孝惠之仁湛乃授其祝由科醫術仲又與雲

周亞夫

鄧通

母朱英方人服一丸延壽十紀但期得黃金千斤始成張朱二君既去子就乃去尤傍改名京字太玄獨居邯山峰頂時有紫雲覆蓋因名紫山後許負望氣至復學其相術應召入宮視疾見帝長揖不拜索水一甌以二指空書一符於水進帝飲之便覺神氣清明泄瀉立止（醫術妙）明日帝即臨朝時河內守周亞夫（勃次子）入朝問安與嬖臣鄧通同侍帝傍劉京見而許曰二公貴寵必隆他日皆當餓死指其口曰為法令紋入口也（相法眞）亞夫怒其廷辱欲擊京帝止之留京入宮欲用為侍中京不願乞歸紫山帝賜以黃金千斤問何宗枝京云問會稽朱仲便知乃領金回修藥服食帝問

左右曾有朱仲否有老内侍曰高后時獻三寸珠者名朱仲云在會稽帝下書徵聘不知踪跡鄧通聞京之言私請於帝帝曰富貴在朕何憂飢餓耶賜以蜀嚴道臨卭銅山使得自鑄五銖錢用度無窮通遂鼓鑄於汾陽山上帝命

酒家嫗

以金帛酬卜者子先不受臨去呼長安市酒家嫗曰自飲汝酒不取我錢無以報汝今早卜有中陵王蕭君召我爲太華仙官應與汝共去嫗留子先宿於堂黄昏果有人持二茅狗至子先呼嫗速起與一茅狗騎之化龍飛起同上華陽山去是夜風雨滿城平地水盈尺許山下居民亦聞山上大聲言子先酒家母至矣二處皆聞於帝由是帝知

世不乏仙乃躬修玄默恭儉節欲國政之暇常讀道德經不能析解聞有一老結廬於河濱自稱河上公後二年帝遣使齎經所不解處往問使者撤述帝意公曰道尊德貴非可遙問也使者復命帝即東幸河濱造廬請問公閉目端坐二侍者旁立不迎不答帝微愠曰域中有四大王居其一子雖有道猶朕民也何乃高乎富貴貧賤朕得生之公拍掌大笑坐躍而起冉冉出户如雲之升去比百丈二侍隨起止於玄虛俯而言曰余今上不在天下不居地何臣民之有而能使余貴賤乎其聲如洪鐘帝始知爲神人稽首禮謝公頓下離地數丈曰余蓋無世不出應變無停

者也。先壓劫而行化後無極而長存
秦始用仙人求仙自然不得。用常人求仙則不可不得
韓終邀羨門授道。亦欲世人知神仙不爲虛妄耳
淳于意爲政清廉。即得廁陽公指點。更有孝女上書且
得授方爲良醫。并以得子。螽斯振振食報如斯。亦何憚
而不爲廉吏哉。
文帝好道而能圖治。故河上公授以清淨宗旨。而指出
王探李翼之得道處。其間微露眞訣。則又在後人之能
悟也。

王探

李翼

○○孝文帝問道河濵　○○蘇仙公鍊丹峰頂

指右一人曰此太原王探字養伯常頌五千文默會其意知名與身踈道爲德本得授黃庭内修之訣變身化景之道已證號爲黃庭眞人指右一人曰此即王探之徒李翼所習亦惟道德能默究谷神玄牝之旨洞太易陰陽之理尸居而龍現神動而天隨已授西嶽仙卿之位此皆自修而成非假外諭而得且道在螻蟻在稊稗豈在大乎夫聖人抱一爲天下式行有餘力並進此道乃令一侍者捧素書二卷下授曰余註此經以來一千七百餘歲凡傳三人子其四矣熟省此書則所疑自解不事多言也慎勿示於

清平吉

⊙沈文泰

⊙山圖

此方何如

匪人。余將南入五溪設教矣須臾雲霧晦暝天地斗合帝悵然而返閱其書皆老子章句清淨道德之義帝用其言以為政治道益醇匈奴或暴邊境戒軍士勿擊以書諭意欲全天下元元之命後三年都尉衛平博士公孫臣相與逸去衛平自號清平吉欲入華陽訪子先路遇少年道人一人擔囊隨後問之是九疑山人沈文泰奉師命往五嶽諸名山採取藥料配合紅泉朱砂神丹服之便能截地昇天前至崑崙採藥經過隴西遇此擔囊者曰山圖乎世遠因墮馬折足臥山中哀呼乃傾壺中藥數之即起諭之曰若能相從使汝不死圖即願隨復教以雌黃地黃當歸羌

李大淵

活獨活苦參玄參爲散服之一歲遂不嗜食同我留連安息天方西印度諸國二十餘年復歸中國至漢中宿李大淵家感其誠敬傳以去土符之道（即辟穀法）蓋土符不去服藥行道無益也更教以竹根汁煮丹及黃白去三尸之法至此復遇淸平吉見其年老氣壯可任道器問將何往吉告以訪友華陽文泰曰子友既授職於山無暇送迎賓客子如好道何不同謁吾師吉大喜願行至中嶽採取强山赤實上嵩山將外國帶來貝多子種於西楚復長四樹一年三花白色異香謂吉曰我猶未至東北二嶽採覓奇草未便南往子試與山圖先行我去便來也二人應聲南行至

㊃谿父

㊉蘇躭

二潘母

南郡甗山（濮陽小別山）不敢深入識留要道山家候文泰同行
時方盛暑乃買瓜祛暑園翁捧二瓜以進食畢不受其值
二人敬問姓氏答云久居須水溪頭人皆稱我谿父世植
瓜果濟人之渴二人賢之遂借寓於其家圖知服食之道
教谿父鍊瓜子與桂附枳實共藏每月對分食之不二十
年便能飛走谿父謝教後百餘年絕居山頂呼溪下父老為語少時事秋八月文
泰始至共別谿父南行吉問其師姓氏文泰曰先生姓蘇
諱躭號宣恭桂陽郴縣人生於秦末少孤母潘氏撫之先
生事母至孝感巳孤獨隱於孤山獨秀峰遇異人授術療
輒愈入九江元辰山修煉復歸孤山家貧常自牧與里

中兒更日爲牛郎先生牧之牛皆徘徊近側不驅自歸餘兒牧之則跨岡越嶺皆求先生呼之復聚先生嘗侍母朝饍母曰食無鮓他日可往市買之先生即以筯插飯上携錢而出斯須捧鮓至母問從來對曰在便縣郴州永興市上買得母怒曰便縣去百二十里汝何誑也欲杖之先生跪曰舅在市言明日當來請待舅至明晚舅果至問之一如所言母始異之及長以醫術濟人世號爲仙公二人開言喜甚至郴江入孤山拜見陳企慕之意仙公教三人寓萬王城有泉可飲有果可食清虛靜養俟我丹成皆領命去仙公自携藥物上獨秀峯安爐舉火汲靈洞山上九曲池水

煉之（池中禱雨立應）數歲始成掀爐視之丹如黍米不敢先服取
以奉母奈母素不好道聞丹發㖸強服之旋即吐出如是
數次轉覺唇青氣冷仙公驚懼慮或妨人即自服二九覺
身輕如翼神智通明重上峰頭悉貯於壺盧更撿一九細
者與母服之仍然嘔噦仙公深自悲怨日方午携丹往萬
王城來度三人薄暮至青石峒石橋長百餘丈有仙女數
十各奏異樂（清夜猶聞樂聲）稱奉萬王命來迎仙公問何王女低
言舜時樂正夔也仙公少遊此山知其中四時多桃李實
甘美可療飢或摘而私藏必迷歸路有碧泉從石罅中流
出味香洌正不知萬王來歷將及城門王同三人恭遜上

堂階砌兩旁有修竹數竿自仆掃地如迎客狀至近起立王稱賀丹成仙公曰命蒂胎根已爲我有眞元一炁萬古常存即出丹分贈蓋萬王死後精魂不散棲附此城久久煉得陰道幾於鬼仙故夜則發現晝則藏伏今得此丹便能旣濟三人服之皆得長生各拜謝度世之恩先生回家一日灑掃庭除如待客之象母問其故云有仙侶降頃之天西北隅紫氣氤氳數十白鶴飛翔翩然齊降於門皆化爲美少年仙公斂容恭迎中一少年曰前與子期整三十年矣神丹已成我夫天眞皇人命來召子歸峨嵋公乃跪白母曰男少時遇峨嵋子章謝婚於龜山復至方諸授職

爲碧海侍晨眞君登萬壽山採靈壽木供皇人爲杖謂我
既得仙道授以紅泉神丹方去上符法約後三甲來會今
果至言道已成太乙上帝召入仙班當違膝下奈何母垂
淚曰汝既仙去誰能養我公曰兒雖去原可朝夕一見於
牛脾山下明年春郡當大疫惟汲井水一升取簷前橘葉
一枚可療一人又封兩銅盤置一櫃中留於家曰若需食
扣小盤欲財帛扣大盤足可代兒奉養愼勿開我封也言
畢即與羣仙竦身入漢同化鶴翱翔而去母獨處寂寞常
至牛脾山呼仙公名見公乘白馬至母與語家常事良久
乃去來年疫果大作母遥以井水橘葉療之無不愈者郡

蕭士鬼仙故得夜見仙公

人爭持錢帛往求者萬計偶有所欲試扣兩盤即得如是
三年毋心疑所封何物開視之有雙白鶴飛去自後扣之
不應然蓄積甚多無慮乏絕毋年百餘歲而終鄉人共葬
於山麓郴州東北葬後忽見山頂紫雲蓊蓋哭聲隱隱咸知爲
蘇君來郡守鄉人皆就山弔慰空中答謝或問曰毋旣歸
逝仙公時可相見矣何轉悲耶公曰夫仙陽神也鬼陰魄
也人兼有神魄得陰陽各半人有一分陽不死有一分陰
不仙故鬼欲見人猶易鬼欲見仙甚難蓋畏仙陽光之猛
我欲見毋必韜晦而後見從此相見益稀不得不哭也遠
勞見慰途徑險阻可從直路還家不必回顧忽現一長橋

橫亘嶺傍直至郡城衆人上橋而行有一官吏輙回顧遂
墮江濵見赤龍於脚下宛轉而逝衆直行者至郡乃止仙
公哭處有桂竹兩技無風自掃其地恒淨三年猶有哭聲
每見白馬在嶺馳驟因改牛脾爲白馬嶺上有巨石曰沉
香石磨汁飲可降氣小石曰仙桃色赤黃有核食之可止
痢仙公既去潘母又亡山圖自念離家四十載母老無人
侍奉辭歸省視文泰與萬王作伴靜養清平吉因憶公孫
臣欲遊東北訪之與圖告辭渡江至洪水分手圖北歸隴
西親朋不能識言及始知母已亡過二年圖至墓拜號行
孝於親
服於家夏天施姜連湯飲之者終身無疾後與蘇公於金
慈於衆

陰生

絺疵

二豫讓

母處乞得太陰煉形法供度母入瑤池圖居家期年復去之長安見渭橋下一乞兒自稱陰生常沿街乞食市人厭苦之或以糞灑衣服旋復不污長吏知其異試繫械之仍在市中吏試欲殺之又忽脫去至夕凡灑以污穢者屋舍自壞試繫殺之者悉病長安爲之謠曰

見乞兒與美酒以免破屋之咎

圖叩其根由陰生實告曰晉卿智伯之謀士絺疵也入秦過赤須先生傳返老之方欲帶入吳山爲經三晉之地乃不欲去故遊戲於此圖笑曰子何迂之甚耶世代已殊子欲效忠報主之豫讓安在哉陰生頓悟曰微君言終身幾

景帝 薄后 姚翁 王夫人

悞圖曰欲東去訪友子能偕行否陰生願從遂相與設東
文帝於甲申後七年崩在位二十三年年四十七遺詔因灞爲陵太子
啟即位是爲孝景立薄氏爲皇后景帝於崇文閣守制夢一赤
彘從雲中直入帝覺而坐起果有赤龍如霧來牖宮內嬪
御望之有丹霞蒨起俄頃霞散見赤龍盤迴棟間帝召占
者姚翁問之翁曰吉祥也此閣必主生命世之英然亦大
妖帝使所寵王夫人移居其中改名猗蘭殿旬月帝幸之
夜夢神女捧紅日授夫人曰西母賜汝當拜受帝促王夫
人跪而吞之帝覺默記其事乙酉元年九月夫人懷孕十
四月夜見一長人赳赳而至曰吾穆天子也欲借此舍以

廣川王彭祖

長沙王發

董永

裴公

織女

居夫人驚異切視遍體通明有光是日產一子帝名之曰吉為有奇徵特愛惜之丙戌二年遣廣川王彭祖長沙王發皆就國此海搏昌有孝子董永少失母家貧庸力養父至農月以小車載父置田頭槐陰下已乃營作世亂奉父避兵江夏父歿貸于安陸裴氏得錢一萬營葬畢墓在願孝感請為奴將往償工途遇一婦姿容端好求為妻偕至裴家主人令織縑六百疋乃許贖回夫婦當機而織一月具成主人怪其速然已如約遂放之歸還至舊會處女辭永曰天上有織女天孫三萬餘余亦在列緣君至孝天帝令助償債明年當還君二子於此言訖凌空而去泰州亦有董永居夫女[illegible]

伯齊　仲舒　鶴神　楚王戊

井至期永往伺之果於槐下得二子孩其一十勝布囊遂而長喙其一柔弱美容永抱歸伯名齊仲名舒既長伯齊能食力大傭工養父弟主家雖嫌其啗量兼人而喜其工倍仲舒聽穎好學時舉永父子孝廉召爲中尉永力辭以疾歸家於趙地廣川王敬事以師禮伯齊忽謂父曰昨夜毋來相招可往會合也遂展以翅負父冲天飛去有司奏聞帝命立鶴神祠以祀之伯齊爲天厨不能取給每六甲自中必下界遊行四十四日正五斜六折至之方向其作爲者多耗丁亥三月春梁王揖來朝竇太后第二子楚王郢甍子戊立不重賢士穆申白相與謝病戊因祖曾言浮丘伯云子孫當得天下遂起妄念使通於吳吳王濞忘素不軌

字

三段注

三段言

三段瑕

四段解

占膠西王卬

十袁盎

招賓客誘亡人、煮海採銅、御史大夫鼂錯患諸侯強大、請
削其地、吳王遂傳檄楚趙膠西濟南淄川膠東七國、推吳
爲盟主、帝召周亞夫爲太尉擊之、老子爲周柱下史、時曾
娶妻生子、其十三世孫、此所未聞、容宗事魏爲將有功、封於段、因段
爲姓、宗之子注、生言、言之玄孫名瑕、仕於漢、後家於齊、瑕
子解、爲膠西王太傅、王卬與諸王起兵、解切諫不聽、遂棄
家避去、後遇老相得傳眞法、挈家居流星園故宅、吳相袁
盎與鼂錯有隙、見帝言吳楚以錯削奪其地故反、今獨斬
錯、七國兵可罷、帝召錯朝衣斬於東市、遣盎往諭止七國
進圍梁、都亞夫擊破之、擒七國王、皆伏誅、帝以平陸侯禮

口楚王禮

口中山王勝

太子榮

勝東王徹

蘇嘉

口江都王非

程嘉

子王

元王次子，爲楚王。子勝，爲中山王。勝樂酒姬內，有子百二十，謚靖。戊子夏，立子榮爲皇太子。初七國說衡山王勃共反，勃以本國有雨雹之異不從，至是徙爲濟北王以褒之。己丑三月，徙廣川王爲趙王，以蘇嘉爲趙相。江都王非遣丞相程嘉至京，言五月間有暴風從西方來，壞江都城十二丈。帝問其故，嘉對曰：有一人號子主，楚語而細音，至王所言：有寧先生者，自謂能作風火，乃催我作客。我以爲異人，隨之二十年，不求其值。嘗有人贈以金錢，唯唯不顧。我索值無還，今告之王，此正異人處願以此值少充國用。王問所在，云在都城西北龍眉山上。王遣吏將上山巔，見寧先生毛身廣耳，獨自被髮鼓琴。子

主見之叩頭吏致王命先生曰我隨碧海侍宸真君經過
此地子主乃吾裔兆山舍九世孫今因其家當暴死三子
女故我坐鎮風魔於此招之作伴欲傳小術以養終身待
其家中女嫁男婚生孫有繼然後回去何乃告吾遣汝値
乎汝且歸無與吾事只恐有孫無子矣乃擲百金於地令
將去語竟化一朱雀飛去忽大風驟起子主忙收金攜吏
下山風愈狂拔樹傾巖明日方止江都城壞十二丈居
民房屋坍倒無數子主回家時昨夜大風屋梁傾折壓死
子女三人餘人無恙子主大悔弗識遂決絕家事再奔至
龍眉香無蹤跡復往別處追尋吏回報王遣人立祠致祭

寗君常降世教治鑄家用火鍊金之法時人既受其道復得流行於後矣聖人傳藥不傳火先生傳火更傳金蘇仙公得子章之傳煉紅泉神丹而成道旨深哉萬王變亡及二千餘年精靈不散終得仙道學者可不究凝一之旨而使心神散亂乎

寗先生一片慈心予主不識而告其煑金常人之情往往如此若徐甲之告老君其無知同其悔悟同故其後得道亦同然則過而能悔者其自新寧有量哉若修羊之郎中得道又與魯倉爲對數百年間乃有此兩對文字

相應